一部全球史

獨立宣言

THE DECLARATION OF INDEPENDENCE

A Global History

DAVID ARMITAGE
大衛・阿米蒂奇

胡宗香——譯

目次

導讀　獨立宣言與國家的誕生

陳禹仲（中央研究院人文社會科學中心助研究員）

國家是如何誕生的？這是一個政治理論的經典問題。從十七世紀開始，不少歐洲頂尖的理論家分別從幾個思想實驗出發，試圖探究這個問題。他們思索的結果，則成為後人耳熟能詳，涉及國家權力正當性與合法性的理論。在西方政治思想史上著名的社會契約論，就是這麼一個以思想實驗出發而成的理論模型。然而，理論如此，實務如何？我們很難想像在人類的歷史上，曾經存在這麼一個時刻，見證著如散沙一般素昧平生的人們不約而同聚集在一起，因為某個共同的理由達成的某種共識進而促進某種協議，決定讓渡彼此的權利，建構一個第三方的客觀權威，然後將自己的生死交託給那個權威，從此依循第三方權威所制定的規則生活。這是社會契約論常見的理論內容，卻不是人類歷史上實際經驗過的、國家出現的方式。

所以，國家是如何誕生的？

有些學者會說，國家的誕生只能透過後設的視角追溯。他們會說，在歷史的發展中，有一群人在一個地方定居，久而久之發展出當地的政治社群，也發展出對這個政治社群的認同。然後，才是人們開始漸漸地用不同的詞彙與概念來認識並定義這麼一個政治社群。從最早的「城邦」開始，漸漸發展到我們今日所熟悉的「國家」。這確實是許多國家誕生的方式。事實上，如果我們快速瀏覽過各國的歷史教科書，我們會很輕易地發現，各國歷史教科書最核心的宗旨之一，就是在追溯著各自的國家如何成形。

然而，並不是所有的政治社群都會成為國家。在人類文明的歷史發展中，不乏政治社群被征服、被統治、卻仍舊維持著強烈的自我認同的例子。對生活於其中的人而言，治理著他們的國家未必然是他們所認同的政治社群。在國家已然成為基本政治單元的現代，這些政治社群要如何建構屬於他們的國家？

換句話說，除了追溯視角之外，現代國家是否存在著另一種誕生的形式？

答案是肯定的，那就是宣布獨立。

如果採取一種戲劇性的修辭，宣布獨立是一種屬於被壓迫的政治社群建構國家的形式。畢竟宣布獨立本身就是一個富含深意的政治行動，它表示某個原本屬於特定治理型態的政治社群，宣告它想脫離既有的統治規範，進而創建屬於自身的、不受原本統治規範干涉的治理形式。如果我們觀察現代各個以宣布獨立的形式建立的國家，將不難發現這些國家有幾個共同點：它們曾經是被另一個國家治理的政治社群、它們透過一份具備當地憲政意義（卻未必具備實質法律效力）的文件來宣告獨立。除了形式之外，這些文件的內容也有著共同點。它們往往可以分成兩個部分，第一部分是藉由陳述原本治理國家是不正義的，來賦予宣告獨立的行為正當性；第二個部分則是陳述某些政治原則（例如被治理的人們所應具有的政治權利），進而指出獨立之後所新生的國家，將依據這些政治原則建構一個正義的統治型態。

這些文件，就是我們熟知的獨立宣言。被壓迫的政治社群，可以藉由宣告獨立的方式，使一個新的國家誕生於世。而宣告獨立的行動，則需要一份獨立宣言這樣的文件來落實。

但為什麼獨立宣言總是會具備上述的形式呢？

目前在哈佛大學任教的政治思想史學者大衛．阿米蒂奇（David Armitage）在這本《獨立宣言：一部全球史》中，就是試圖回應這個問題。阿米蒂奇是政治思想史學界最早提倡「國際轉向」的重要學者之一。所謂「國際轉向」顧名思義，即在於強調從國際的視野來分析政治理論的論述。舉例來說，傳統政治思想史研究可能著重於分析約翰．洛克（John Locke）對於自然權利以及政府職能論述的關聯，是基於他試圖批判十六、十七世紀關於君王神聖權威的立論。然而，在阿米蒂奇一篇強調「國際轉向」的著名論文裡，他則強調，洛克對自然權利與政府職能的思辨，其實也深受洛克實質出任官職參與英格蘭於北美洲的殖民事務影響，進而反思對於政府的治理正當性的邏輯。除了實質的研究成果之外，阿米蒂奇對「國際轉向」還有一個重大貢獻，即在於從方法論上指出「全球」（The Global）與「國際」（The International）的概念分野。要言之，阿米蒂奇認為，從政治思想史的角度出發，「全球」所涵蓋的分析範疇，是人類在不同地域的政治現象。與之相比，「國際」的分析對象則更為聚焦，是發生在國家之間的政治現象。這是因為在阿米蒂奇看來，「全球」是一個地域概念，「國際」本身則已經是一個預設了「國家」（The National）存在，進而強調「國家之間」（The INTER-National）的政治概念。

阿米蒂奇對「全球」與「國際」的細膩區分，使得本書的副標題「一部全球史」具備實質分析意義。事實上，在本書出版以前，阿米蒂奇上一本專書正是著重於分析「國際」的政治思想視野。*與前書相異，本書的分析著重的並不是「國家之間」的政治行為，而是在「國家之前」，人類於全球場域內，在不同地域所展開的共同政治現象。更具體地說，本書的主旨是「獨立宣言」這份文件，如何成為現代人類試圖創建國家時，不可或缺的重要文件。

有趣的是，如阿米蒂奇所言，「獨立宣言」既是一份「國家之前」的文件，也是一份「國家之間」的文件。他在前一本強調國際視野的著作裡指出，藉由獨立宣言宣布獨立只是現代國家新生的第一步。但國家要確實誕生於世，除了宣布獨立之外，還需要更重要的第二步：新生國家的獨立，必須得到已然存在的國家的認可。在前一本著作裡，阿米蒂奇強調例如邊沁（Jeremy Bentham）等重要的政治思想家，對《美國獨立宣言》皆抱持批判態度，原因就在於這些思想家認為，國家無法光憑「宣布獨立」而誕生。一個新生國家所需要的，是得到其他國家的認可它作為一個國家而存在，進而與這些已然存在的國家展開「國家之間」的「國際」關係。

換句話說，唯有當「獨立宣言」成為「國家之間」的文件，在國際法與國際關係的

＊該書的書名是《現代國際思想的基礎》（*Foundations of Modern International Thought*），由劍橋大學出版社出版。

意義上被承認，國家誕生的程序才宣告完成。

然而，在如此分析「獨立宣言」的「國際」意義之後，阿米蒂奇對國家如何誕生的反思，讓他更進一步點出邊沁等思想家的論述的盲點。那就是邊沁等人很顯然是站在已然存在的國家的立場立論。在他們看來，國家的誕生仰賴國際承認，因此這是一個「國家之間」的問題。這並沒有錯。一個新興國家的「獨立」必須得到其他國家的認可，才能在「國際」意義上取得實質效力。但是，在此之前，一個政治社群（尤其是一個曾經被既有的國家統治的政治社群），要如何才能取得其他國家的認可，作為一個新興國家存在呢？

《獨立宣言：一部全球史》這本書指出，一個曾經被統治、壓迫的政治社群，在取得國際認可之前，必須要先採取某種自力救濟的手段：它們必須要先宣告，它們有想要成為國家的意圖。這是獨立宣言最原始的樣貌，也是它最原初的目的。獨立宣言宣告了一個政治社群有想要成為國家的意圖，也捍衛了該意圖的正當性。阿米蒂奇在這本書裡，細膩地爬梳了各個新興國家的獨立宣言，如何共享了特定的論述結構，來表述它們的獨立意圖，並論陳獨立的正當理據。在如此分析過後，他指出獨立宣言作為被壓迫的政治社群宣告自主的政治行動，之所以成為現代國家誕生的重要文件的原因，就在於它獨特的、在「國家之前」的特質。但與此同時，阿米蒂奇也悲觀地指出，獨立宣言的成功與否，必然會取決於它是否能有效獲得國際認可，成為一份「國家之間」的文件。但這也表示一旦當「全球」的場域逐漸與「國際」的場域疊合，政治社群要躋身「國家之間」的空間將越趨限縮。

這本《獨立宣言：一部全球史》，除了追溯「獨立宣言」這樣的文體，如何成為現代國家誕生的重要文件之外，更重要的是，它反思了國家的誕生，如何不可避免地受其所處之環境所限。在「全球」的場域比「國際」場域更為廣袤的時代裡，獨立宣言足以作為備受壓迫的政治社群以「國家」之姿，步上「國際」舞臺的宣告。然而，隨著「全球」場域開始被「國際」籠罩，國家宣告「獨立」的可能也越發困難。如阿米蒂奇在本書結論所言：「在我們牢牢由主權領土實體所構成、涵蓋全球的世界裡，成功宣告成為獨立國家的機會可能已經很少了。」然而，值得強調的是，如此悲觀的現實，並不有損獨立宣言的重要性。在今天，政治社群也許很難透過「獨立」成為新興國家，但政治社群依舊能透過宣言來向各個國家昭示被壓迫的事實。正如阿米蒂奇在書末所強調的，獨立宣言本身所具備「國家之前」的特質，使得它依舊會是政治社群重要的自力救濟的模式。更是被壓迫的政治社群，讓已然存在的國家意識到其存在與意圖的重要手段。這也讓這本書不僅僅只是「一部全球史」，它也是引導讀者反思當地政治社群與「國家」、「國際」與「全球」等政治場域關係的思辨之作。

緒論

在他於一八二六年逝世前所寫的最後一封公開信中，湯瑪斯・傑佛遜（Thomas Jefferson）針對他在半世紀前起草的《獨立宣言》，提出了遼闊的願景。他婉拒了到華盛頓哥倫比亞特區參與美國獨立五十週年紀念的邀請，同時稱《獨立宣言》為「一個工具，蘊含我們自己和世界的命運」。他很遺憾將因病缺席，無法與「碩果僅存的傑出之士」重聚，當年「他們在那一天加入我們，共同為我們的國家是要屈服還是拿起刀劍，做出大膽而結果未知的選擇」。原本他會「和他們一起欣見令人寬慰的事實，亦即我們的同胞歷經半世紀的經驗和繁榮後，依然認可我們所做的選擇。但願對世界而言，這個選擇會如我所相信的成為一個訊號（在某些地方比較快，在某些地方比較慢，但終究在每個地方都將如此），激起人民掙脫他們在自我否定的無知和迷信下接受的鎖鏈束縛，獲取自主治理的幸福與安全」。[1]

傑佛遜在寄出這封信的兩週後，於一八二六年七月四日逝世。寫這封信時，他用的是從死亡邊緣審視過去與未來的先知語氣。他必定打算讓這封信公諸於世，這封信也很快在他逝世那天見諸華盛頓某報端。然而這並非傑佛遜的最後一封信。一八二六年六月二十四日寄出這封信之後，他又寫了兩封信，一封給他在維吉尼亞州里奇蒙（Richmond）的商務代理人，另一封給巴爾的摩的一位商人，交代剛從馬賽到港的一批法國葡萄酒繳付關稅事宜。[2]

傑佛遜最後公開掛念的也許是美國革命的來世，但他最後的私人指示則是關於為他的酒窖補貨。兩者都放眼未來，兩者也都認知到年輕的美國與更廣大的世界相連，不論是外銷革命理念或是進口奢侈商品。如傑佛遜所深知的，任何一個獨立國家也必須和其他國家相互依存。

傑佛遜逝世之時，「半世紀的經驗與繁榮」已經確立了美國獨立這一政治現實。五十年前，《宣言》在美國尚未獨立、並仍受英國猛烈攻擊時，宣告了其獨立。自一七七六年之後近四十年間，美國人更為珍視的是獨立的事實，而非宣告獨立的那份文件。直到傑佛遜在世的最後十年，《宣言》才開始被視為理所當然的「美國聖典」（American scripture），在此後每一年的七月四日為美國人所讚頌。[3]

《獨立宣言》也許對美國人別具意義，但是它的象徵力量有潛力擴及全球，正如傑佛遜在一八二六年的預言中所斷言。即使是這位前任總統仍在世期間，《獨立宣言》就已成為比象徵更實際的東西：它為世界各地其他新國家宣告獨立的相似文件，提供了典範。到了傑佛遜在一八二六年稱《美國獨立宣言》為「一個工具，蘊含……世界的命運」時，已有來自北歐與南歐、加勒比海和西屬美洲的其他大約二十個獨立宣言加入它的行列了。如今，在一七七六年的兩個多世紀後，世上超過半數國家都擁有自己的獨立宣言。

這些文件中，許多都直接以《美國獨立宣言》為靈感來源。它們從其中取用特定用語，有時則加以改寫，更常見的是以其結構作為範本，還有更多並不是直接的模仿（所謂最好的恭維）。但不論以其動機、遣詞或形式而言，所有文件都有明顯的相似處，因此得以從集體和全球的角度加以探討。

到目前為止，獨立宣言從未被當成全球現象看待。[4] 箇中原因攸關獨立本身的定義。從根本而言，獨立意指美國人民代表在一七七六年針對英王喬治三世所宣告的政治分離。更廣義而言，獨立隱指民族特性和差異。隨著年深日久，分離與獨特性滋養出一種卓異感，尤其對美國這樣的國家而言，因為它是經由脫離母國所誕生，其擘畫者又為它賦予了在世界上的使命。《宣言》的作者僅為自己爭取獨立，沒有為其他人做此主張。儘管如此，他們對獨立明確且特定的想法，仍將在一七七六年之後的幾世紀中，隨著美國的例子擴散全球而獲得近乎普世的意義。

日後，《美國獨立宣言》被視為標誌了某種歷史的開端，有別於其他國家或帝國的歷史。相似地，世界各地許多其他的獨立宣言，也成為特定共同體的財產，他們將自身宣言當成在世上賦予他們特殊地位的文件加以頌揚。幾乎從定義而言，體現這種卓異主義的文字就不太可能與其他相似的文件相比。各國獨立宣言的情況正是如此。

蒐集多份獨立宣言以供比較的情況只有兩次。第一次在一九五五年美洲國家組織（Organization of American States）在華府開會之前，當時，一七七六至一八九八年間在美洲與加勒比海地區產生的獨立宣言，經過重印與翻譯後彙整為一本手冊。[5]第二次間接源自一九七六年美國獨立兩百週年紀念，學者出版了來自世界各地的獨立文件選集，包括獨立宣言以及其他各種獲取獨立的文書，例如雙邊協議和法案。[6]這兩個時刻都很快就過去了。它們留下的文選顯然沒有引發進一步思考，探討從集體而全面的角度審視各國獨立宣言可能獲得的洞見。[7]

許多獨立宣言都啟發了豐富但局限於一地的分析和討論。這類探討多數傾向於處理獨立文件的直接源頭，而非它們在更漫長、遑論更廣泛的歷史中的位置。從這方面而言，《美國獨立宣言》既典型又特殊。典型，因為十九世紀以降的許多學者都曾細究它在一七七六年夏天的誕生，以及之後的傳布。他們的研究揭露了令人眼花撩亂的各種可能，包括這份宣言的用語來源和形式靈感，以及關於它如何起草、編輯和發布的豐富資訊。他們的研究中，很多都針對《宣言》中關於自然權利（natural rights）或革命權

（right of revolution）的陳述，辯論其各種歐洲源頭，比如英國的政治思想、蘇格蘭的道德理論，或瑞士的哲學。[8]這個辯論泰半集中於《宣言》的第二段與其「不證自明」的真理，並未擴大探討《宣言》中的其他元素，比如它為美國所主張的獨立意義為何。重尋這個意義，將是本書的重要關注之一。

對於國家歷史上的這一重大文件，美國人擁有格外豐富的資訊。他們也擁有獨特的機會，得以知道美國有誰讀過《宣言》，如何詮釋，又帶來哪些政治與法律後果。[9]沒有其他獨立宣言的國內遺產受到如此詳盡而有揭示性的查考。關注《宣言》命運的美國人與其他人至今所欠缺的，是對於它在美國以外的世界裡後來的命運，有系統的查考。[10]

在美國歷史的重大里程碑中，絕非只有《獨立宣言》的遺產缺乏全球性的探討。美國日益增長的自足感，以及二十世紀泰半期間在世界事務上的明顯霸權，孕育了美國人對於美國對世界的影響，以及近年以前世界對美國的影響，長久以來的忘性甚至是無知。許多其他國家也經歷了形式相似的歷史失憶症，忘了自身在世界的定位。然而，美國在國際事務上的顯著位置，使其對於以全球角度思索自身歷史的抗拒格外刺眼。美國以外的世界向來形塑著美國——也形構其革命以前的殖民過往——不論是透過移民、觀念的傳播，或商品的交換，以及超過四百年來幾乎所有想像得到的其他互動形式。[11]對過去這些互動日益升高的覺醒，激發了美國人與非美國人「在全球年代裡重新思考美國歷史」。[12]

以這種方式將美國歷史置入到全球角度來看，有助於凸顯我們今日所稱的「全球化」並不是新的狀態。正如一名歷史學者近日所寫，改以全球為分析範圍的轉變，「揭露出世界上政治與社會變化的彼此連結與相互依賴，遠早於一九四五年之後開始的當代『全球化』階段」。[13]這個轉變也能幫助我們看到，全球化不是朝地球整合發展的單一平順運動。反之，它透過發生在不同時刻與地方、一連串不連續而獨立的階段發展。對全球化的這種了解方式，使得要產生全球化必勝的世界歷史敘事沒有那麼簡單，也讓我們有可能比較全球化的不同階段，看到它們之間的異同。[14]

這本書寫於全球化受到強烈體認的一刻，而其主題是超過兩個世紀以前另一個這樣的時刻。在人類歷史上，成長於一七七六年前數十年間的那一代歐洲人與美國人，應是最早能以全球性眼光看見自身在世界所處位置的人類。這個眼光是許多彼此相連的發展之產物：海上探索；大洋間貿易的發展；歐洲帝國在大西洋、印度洋與太平洋的擴張；地圖、歷史與旅遊記述的傳播；以及物品和觀念的流通與交換所創造的連結。這個眼光也因為英國與法國為了奪取全球帝國霸權的巨大鬥爭而為之擴大，這場衝突對美國人而言是英法北美戰爭（French and Indian War，一七五四－一七六三），對歐洲人而言是七年戰爭（Seven Years' War，一七五六－一七六三），戰火在四大洲與三大洋上演。[15]一七七六年那一代人因而是成長於明確地由帝國相爭與全球競爭所形塑的戰後世界。

那一代的全球眼光，銘記在一七七六前後年間興起，關於歐洲商業與移墾的全面歷史中：舉其犖犖大者有雷納爾神父（the Abbé Raynal）的《歐洲人在東西印度群島殖民和貿易的哲學及政治歷史》（*Philosophical and Political History of the Settlements and Trade of the Europeans in the East and West Indies*，一七七〇），亞當．斯密（Adam Smith）的《國富論》（*Inquiry into the Nature and Causes of the Wealth of Nations*，一七七六），和蘇格蘭歷史學者威廉．羅伯森（William Robertson）的《美洲史》（*History of America*，一七七七）。埃德蒙．伯克（Edmund Burke）針對羅伯森的《美洲史》欣喜地寫道：「人類大地圖一次展開了，所有的野蠻狀態或程度，和所有精緻開化的模式，都在同一刻呈現在我們眼前。」[16]雷納爾大力支持英國殖民地的起義。斯密發表著作，有一部分是為了參與辯論英國「在大西洋西側那個偉大帝國」之未來，「然而，這個帝國只存在於想像中」。在《國富論》的尾聲，斯密要求關於帝國的「這個黃金美夢」應該被實現，否則就該徹底揚棄。[17]對羅伯森而言，美國獨立明確地標誌了這個美夢的終結。他的《美洲史》在英國失去北美殖民地之後戛然而止，他在一七八四年惋惜地寫道：「可嘆，如今帝國和我都失去了美洲，這本書原本會是對英國開拓殖民地很好的介紹，但與獨立國家的創建卻是極不相稱。」[18]

雷納爾、斯密和羅伯森在其商業與海洋史巨著中所描繪的全球連結，在一七七〇年代的帝國危機上演時，強烈地影響了北美殖民者。維吉尼亞州種植者和波士頓商人的財富，與南亞的英國東印度公司命運緊密交織，不僅透過在倫敦與格拉斯哥的銀行間流通，錯綜複雜的信用與債務，也透過在一七七三年十二月，依照英國國會訂下的條件，將中國茶葉以東印度公司船隻載運至波士頓港的貿易路線。要徹底了解美國獨立革命的起源，就必須了解在一七七六年以前那些年間，北美殖民者所身處的全球網絡。[19]

這些連結同時引發了焦慮與興奮——它們是鎖鏈或環節，枷鎖或牽繫？——而這些感受的痕跡，連在宣告北美十三州意欲加入國際體系，並與「世界各國」享有平等地位的《獨立宣言》中都可看到。日益深厚的國際連結，以及這些連結對歐洲國家體系和大西洋世界權力平衡所帶來的明確改變，在在挑戰當代人以創新的方式理解他們的世界。在這個脈絡下，也許就不只是巧合，才會讓英國法律哲學家傑瑞米・邊沁（Jeremy Bentham）認為有必要在美國獨立戰爭期間的一七八〇年，創造出「國際

（international）這個字……雖然是新字，但希望它具有足夠的類比性和可理解性」，可以描述「主權國家間的相互往來」，而這些往來又被他涵蓋在「國際法」（international law）這一新詞之下。[20]

每個世代都有他們應得的獨立宣言。我們身處的全球時刻，讓我們應該擁有一部《美國獨立宣言》的全球史。這樣一部歷史可以從外往內探求，以普世角度看待特定時刻、地方、人物或物品。它也可以從內往外寫，從地方與特定的現象，寫到世界與普遍的現象。這些途徑並不相斥，而是互補的；誠然，少了一個，另外一個就無從進行。正如幾乎與《宣言》同時代的英國詩人威廉·布萊克（William Blake）所說，我們可以在「一粒沙中見世界」。在《宣言》的情況中，這意謂著廣大世界的痕跡，就嵌入在一部相對簡短而犀利的文件中。隨著這份文件在國內外流通，它也獲得自己的生命：從它的旅程中，浮現了關於其傳播和接收的另一種全球史。這個歷史又孕育了《美國獨立宣言》的模仿與類比物。

一部全球史，也可以根據其他獨立宣言的出現與累積所揭露出的模式寫成。在這本書中，三種途徑我都採用，以寫成《美國獨立宣言》的全球史。我依序檢視《宣言》裡蘊含世界的證據，它從十八世紀晚期到十九世紀初期在世界裡的命運，以及自一七七六年以來產生的許許多多獨立宣言。在這樣多重的全球視角下，《美國獨立宣言》很難不看起來有所不同。

沒有任何一份文件與身為美國人的意義如此緊密交織，也沒有什麼其他文字能像「生命權、自由權、追求幸福權」一樣，言簡意賅地總結美國的信念。然而即使以其最早的物質形式而言，《美國獨立宣言》都已蘊含了與更大世界連結的證據。《宣言》最早在一七七六年七月五日印行，以大幅單面印刷為形式，用於流通與展示。這個版本的印刷商是二十九歲的愛爾蘭人約翰·鄧拉普（John Dunlap），他在一七五七年從提隆郡（County Tyrone）的斯特拉班（Strabane）移民到費城。[21]多數印刷本都以英國帶來的荷蘭紙印刷，當時的殖民地紙張多數源自英國；他的印刷機與裡面使用的鉛字，很可能也都是從英國進口的。[22]

《宣言》要到一七七六年的七月底至八月初才獲簽署。五十五名大陸會議代表——其中九人出生於英國或愛爾蘭，而有十餘人在殖民地以外的地方受教育，包括英國、蘇格蘭和法國——在以大字體謄寫的《獨立宣言》上簽下名字。簽字時，他們用的是另一名愛爾蘭人小菲利普·辛格（Philip Syng, Jr.）以從墨西哥或秘魯開採而來的白銀所製作的墨水瓶。[23]

《宣言》最早的公開版本，因而是在十八世紀日益將歐洲、非洲與美洲連結成單一經濟與文化體系的大西洋世界裡，政治與印刷術交會，以及個人遷徙與商品移動下的產物。如果在因為象徵美國特質（Americanness）而被賦予如此重大意義的一份文件裡，都能發現北美殖民地以外的世界之痕跡，那麼，相似的遺緒想必也能在建構美國歷史的其他各種材料中找到。

我以不同方式看待《美國獨立宣言》，它是一個事件、一份文件，也是一種文類的濫觴。借用它最早的一位研究者卡爾．貝克（Carl Becker）所說，作為一個「事件」，《宣言》是「一連串革命活動的最高潮」，透過「將那個事件宣告給全世界並宣明其正當性的文件」表現出來。[24]《宣言》的全球史並未在一七七六年七月告終——事實上是才剛開始。這份文件開啟了一種存在至今的政治書寫文類。說「文類」（genre），我指的是一種獨特但可重複的論據結構與文學形式。相似的文件，不論是否有意或直接源自特定的原本，都會成為此一文類的例子。文學類型可以嚴格如十四行詩，也可以寬鬆如小說；烏托邦與憲法，權利宣言與獨立宣言，都屬於政治書寫中的相似類型。它們的形式捕捉了相似的觀念與事件，讓我們得以理解和批評。它們成為源自類似情況的文件一再採用的樣貌。[25]文類會誕生，它們會分裂而後與其他文類的元素重新結合，有時候文類也會死亡。就像它們所包含的觀念，文類也會移動和變化，而且它們不承認國界。

《美國獨立宣言》標誌了一種政治書寫新文類的誕生。它的天才之處——也是後來成為其他宣言典範的重要原因——是它在文類上的駁雜性。它結合了後來三種獨立文類的要素：獨立宣言（declaration of independence）、權利宣言（declaration of rights），以及聲明（manifesto）。《宣言》開端和結尾的段落構成了獨立宣言本身，開頭分別是「在有關人類事務的發展過程中……」和「因此，我們，……美利堅合眾國的代表……」。第二段以更有名的「我們認為下面這些真理不證自明」為開頭，比較接近我們後來認為的權利宣言，尤其在一七八九年法國發表《人權和公民權利宣言》（Declaration of the Rights of Man and the Citizen）之後。[26]最後，構成《宣言》絕大部分內容的不平事例，則帶著聲明的特徵，對世界公開說明採取革命行動的理由。[27]

《宣言》出版後，很快進入國內與國際的交流迴路。副本在個人、書案與國家之間流通，傳播速度往往快得驚人（在我們看來），但有時也經歷不那麼令人驚訝的低落效率與差錯。對某些人而言，《宣言》不值一哂，其他人則主動尋求，詳細閱讀，或煞費苦心地將之翻譯成其他語言。還有人認為這是一個顛覆性的文件，而在那個年代，文書與造反者同樣可能引爆叛國與革命行動。「盎格魯－美國人的獨立，是最可能讓革命加速發生，為世界帶來幸福的事件，」法國皇室出版物審查員尚提神父（Abbé Genty）在一七八七年寫道，「在這個新共和的胸襟內，蘊含著將使世界更豐富的真正寶藏。」[28]彷彿是為了實現這個預言，在後來的兩個多世紀，《宣言》為其他人提供了他們需要的範本，用以將他們自己的政治意圖傳達給「公正的世界」。

一旦踏上這個國際生涯，《宣言》就脫離了它誕生時的條件。它獲得自己的生命，成為後來這個全球文類的模範。一七七六年以前，沒有任何文獻名為獨立宣言；事實上，《宣言》本身也不叫這個名字，整個文本中未曾出現過「獨立」（independence）一詞。然而，一七七六年七月以前的數月期間，當代人一直在談論「獨立國」（independency）、「獨立國宣言」（declaration of independency）或「獨立宣言」（declaration of independence）的必要性。一七七六年七月八日，傑佛遜將「一份獨立宣言」寄給同為維吉尼亞州居民的理查・亨利・李（Richard Henry Lee）[29]。因此，大陸會議（Continental Congress）所發布，日期為一七七六年七月四日的那份文件，無疑是一個「宣言」（在印刷與手抄版本中都使用了這個名稱），而其首要宣告的便是「獨立」。一旦完成這件事，並且成為足跡遠播的文件，它就可以被獨立宣言這個文類下的許多其他文件所模仿、竊用和擬作。

大陸會議在一七七六年夏初發布宣言，是受到迫切的國際壓力驅使所致。循此，《宣言》反映了各種關於安全、防禦、商業與移民的關注。這份文件宣布十三個英屬北美殖民地聯合組成「美利堅合眾國」，標誌著它們進入了今日所稱的國際社會。《宣言》的作者以「人類輿論」為對象，並且使用可為美國以外受眾所接受的外交和法律語言。《宣言》因而反映出對於大西洋世界的國際社會改變中的觀念。《宣言》協助改變了那個社會，將其疆界往西拓展至北美洲，也將美國商業對更廣大的世界開放，超越先前由大英帝國法律所設下的界線。

一如後繼的同類宣言，《美國獨立宣言》是國家建構（state-making）的文件，不是民族形成（nation-formation）的文件。它宣告先前依附於大英帝國的殖民地如今是獨立國家，不受帝國管轄。它沒有提到「美國人」（Americans），也未使用「民族」（nation）一詞。反之，它聚焦於「一國人民」（one People）的興起，在「世界各國之間」取得獨立和平等的地位，並且宣布「這些聯合一致的殖民地從此是自由和獨立的國家，並且按其權利也必須是自由和獨立的國家」。《宣言》中關於「生命權、自由權和追求幸福權」之陳述，完全次於有關國家權利的主張，而當代人若注意到個人權利的主張時，也認為那是次要的。因此，一七七六年八月的一份當代報導即指出，《宣言》首度宣讀給賓州西部泰康德羅加（Ticonderoga）的大陸軍部隊時，「每一名男子臉上寫著的表情都是，現在我們是一國人民了！我們在世界各國之間有自己的名字了！」同樣地，新成立的合眾國所發布的第一篇效忠宣誓文，就要求官員「承認美利堅合眾國是自由獨立的主權國家，並宣告其人民對英王喬治三世沒有任何效忠或服從的義務」。30

美國和國外受眾在一七七六年之後的幾十年間，從《宣言》中看到許多不同意義。那些年間變動中的國際環境——戰爭、革命和國家建構——使得連美國人對《宣言》核心訊息的理解都隨之改變，從對國家地位的主張，變成個人權利的宣告。另一方面，《宣言》在美國境外的傳布，激起了對國家——尤其是如美利堅合眾國這樣的新國家——進入國際場域之權利更廣泛的辯論。《宣言》中第二段關於個人權利的主張，在這些廣泛討論中鮮少出現。那些主張一直要到二十世紀後半葉，全球權利運動出現之後，才被視為深刻影響了《宣言》對於國際受眾的意義。

《宣言》中列舉十三個前殖民地的權利，說它們「有權……採取獨立國家有權採取的一切行動」，引發了對國際場域內國家特徵的關注。《宣言》中對國家的構念如兩面神一樣有兩個面向，絕大多數對國家的標準定義都是如此，一九三三年《蒙特維多國家權利義務公約》（Montevideo Convention on the Rights and Duties of States）中的經典定義是，擁有常住人口、界定的領土、政府，以及與其他國家建立關係的能力。[31]《宣言》確認了常住人口的存在（「人民」），也暗指有某種形式的政府，但是並未界定領土。反之，它堅定強調美利堅合眾國作為國際行為者的權能，一如其他這類行為者。我在本書中的分析將依循《宣言》中的這個重點，凸顯國家向外看而非向內看的那一張臉。因此我對民族（nation）——以及民族主義和民族認同——淡化處理，探尋的是國家與其他國家的關係史：這些關係如何被創造出來，依據哪些標準受到承認，它們的擴散又有哪些後果。

國家在二十世紀後半葉已成為全球政治的主要單元，但並非一直如此。它們曾經面臨更為龐大而整合程度較低的政治組織競爭，也就是帝國。[32]在過去四分之一世紀以來，國家的數量快速被日益擴散的非政府組織和跨國企業超越。[33]此外，國家經常面對來自次國家（substate）團體或自稱為民族的人民所挑戰，此處民族指的是以成員間互相承認共通性為基礎的文化共同體（cultural community）。然而我們不應該掉入民族主義的設想，將有民族的國家等同於「民族國家」（nation-state）。如厄內斯特．蓋爾納（Ernest Gellner）曾指出：「民族，一如國家，都是偶然的存在，也非普世所必需……

此外，民族與國家還不是**同樣**的偶然存在……國家絕對可以在沒有民族的情形下出現。也絕對有些民族出現後不曾有幸擁有自己的國家。」[34]

世界上如何會出現這麼多國家的故事，幾乎還沒開始被講述。[35]蒐集與分析各國獨立宣言，是以經濟的方式勾勒出那更為浩大的敘事之輪廓。為了伸張自身的國家地位，今日世上多數國家都曾在過去兩個世紀的某一時間點宣告獨立，脫離曾經包含它們的更大政治單位。為了確立與其他國家的平等地位，這些國家將自己的脫離予以正當化，在某些情況下則是將它們與其他領域和人民的重新結合賦予正當性。簡而言之，它們宣告自己擁有主權，對內及於所有自家人民，對外與所有其他國家和人民抗衡。自一七七六年以來發表的獨立宣言超過一百份，顯示過去兩個世紀以來的重大政治轉變：從帝國主宰的早期世界中，以國家為主的世界——亦即我們的世界——逐漸興起。當我們將這些宣言串連起來並作為一種文類來看，它們比任何其他一組歷史文獻，都更能昭示出那劃時代轉變的不同階段。

《美國獨立宣言》的首要目的和一七七六年以來發布的多數獨立宣言一樣，為的是表達美利堅合眾國在國際上的法律主權。傑佛遜在一八二五年五月回憶：

為了獲取正當性，我們認為應該訴諸世界公斷，這就是《獨立宣言》的目標。不是為了找出新的原則或新穎的論據，也不只是為了言前人所未言，而是為了將此一主題的常理以清楚而堅定的方式呈現在世人眼前，使他們必須同意，也為我們被迫採取的獨立立場提供正當性。《宣言》不以理念或情感的原創性為目標，但也不是抄自先前的任何特定文獻，目的在於表現美國的想法。[36]

傑佛遜的評價也許過謙了。《宣言》在兩方面有所創新，並且影響深遠。首先，它將「美利堅合眾國」（United States of America）引介給世界；再者，它開創了獨立宣言這一文類。此前從未有公開文件使用「美利堅合眾國」這一名稱：在一七七六年七月四日以前的幾個月，甚至在《宣言》本身的文字中，大陸會議所代表的政治實體一般都稱為「聯合殖民地」（United Colonies）。[37]然而《宣言》最早的印刷版本便明確地名為《美利堅合眾國全體代表大會宣言》。

約翰．鄧拉普的大幅印刷版只以大寫字母凸顯了正文中的三個用語：「美利堅合眾國」在「大陸會議」下集會，宣告其為「自由和獨立的國家」。一七七六年七月稍晚所產生，供所有代表簽署的正式手抄本，也凸顯了同樣的用語。這些用語以特色分明的斜體字呈現，吸引人注意其意義。如今展示在華府國家檔案館的這份《宣言》手抄本字跡已經淡去，幾乎只剩下這些字詞還清晰可讀。也理當如此，因為這些字詞構成《宣言》的中心訊息，以獨立伸張主權。

《美國獨立宣言》所宣告的是：原本的聯合殖民地，如今是「美利堅合眾國」，因為它們是「自由和獨立的國家」。一七七六年以前的世界史文獻中，沒有一份文件曾以宣布獨立的語言昭告國家地位。後來的許多文件所做的則正是如此。事實上，一七七六年之後那兩個世紀的全球歷史顯示，創造一個有彈性的工具，讓其他人也能用來宣告其獨立，是一個重大的創新，與一七七六年七月將「美利堅合眾國」引介到國際舞臺上相比亦毫不遜色。

第一章

《獨立宣言》裡的世界

《獨立宣言》的文字顯然大家都耳熟能詳，以至於很容易忘記它究竟宣告了什麼。多數美國人——無疑地還有許多非美國人——若被要求引述這份文獻的開端，很可能會回答：「我們認為下面這些真理是不證自明的：人人生而平等，造物者賦予他們若干不可剝奪的權利，其中包括生命權、自由權和追求幸福的權利。」今日很少人會停下來自問，這些權利究竟與獨立有何關聯。

「不證自明的真理」；「人人生而平等」；「不可剝奪的權利」；「生命權、自由權和追求幸福的權利」：當然，這些字句響亮動人，表達出高貴的情感，但事實上它們並非《宣言》在一七七六年所要昭告之事。連林肯都在一八五七年的演說中坦言：「『人人生而平等』的主張對於我們脫離英國沒有實際效用；它被寫入《宣言》不是為了那個原因，而是要供未來所用。」[1]

《宣言》若未能達成其宣告獨立的中心使命，會是一份沒有未來的文獻。如果《宣言》遭到徹底忽視（許多人也確實予以忽視）；如果它的根本主張被徹底反駁（有些人覺得他們做到了）；如果美國獨立運動在萌芽時就被英國軍隊鎮壓（這在當時很有可能），那麼現在可能少有人還記得那些所謂「不證自明」的真理。

要看出《宣言》宣告了什麼，可以先回想這份文件的結構。因為《宣言》是以邏輯論證為形式的文告，依循的可能是主要起草者傑佛遜就讀於維吉尼亞州威廉與瑪麗學院（College of William and Mary）時所習得的邏輯法則。[2]

《宣言》分為五個部分。開頭第一段所陳述的初始前提是，當「一國人民」要脫離另一國人民時，基於「對人類輿論的尊重」，必須宣布獨立的原因。次要前提則陳述於今日比較著名的第二段，認為有些真理不證自明：

> 人人生而平等，造物者賦予他們若干不可剝奪的權利，其中包括生命權、自由權和追求幸福的權利。——為了保障這些權利，人類才在他們之間建立政府，而政府之正當權力，是經被治理者的同意而產生的。任何形式的政府只要破壞這些目標，人民便有權力改變或廢除它，以建立一個新的政府；新政府賴以奠基的原則，其組織權力的方式，務使人民認為唯有這樣才最可能獲得他們的安全和幸福。

要以生命、自由與追求幸福等基本權利受到破壞為由而獨立，必須要顯示這些行為構成「一連串濫用職權和強取豪奪」。唯有如此，人民才有正當理由尋求「為他們未來的安全建立新的保障」。

《宣言》的第三個部分最長，這個部分列舉了英王喬治三世「接連不斷的傷天害理和強取豪奪的歷史」，將其作為「事實……向公正的世界宣布」，以證明所言屬實。倒數第二段中聲言，「我們英國的弟兄」並未針對這些不滿進行補救，導致「我們不得不宣布和他們分離，並且以對待世界上其他人一樣的態度對待他們：和我們作戰，就是敵人；與我們和好，就是朋友。」

脫離大不列顛王國之舉，因而在邏輯上和歷史上都成立。《宣言》據此在第五部分也是最後一個部分下了結論：「這些聯合一致的殖民地從此是自由和獨立的國家，並且按其權利也必須是自由和獨立的國家。」是為確立這個結論，各州代表才齊聚於大陸會議，決議「以我們的生命、我們的財產和我們神聖的名譽，彼此宣誓」。

《宣言》開頭和結尾的段落都清楚確立了一個新的行為者（「一國人民」）或多個行為者（十三個「自由和獨立的國家」）已經進入世界舞臺。這份文件的第一句就陳述了關於世界不證自明的真理，顯然不需任何理由或詳述：

> 在有關人類事務的發展過程中，當一國人民必須解除其和另一國人民之間的政治聯繫，並在世界各國之間依照自然法則和上帝的意旨，取得獨立和平等的地位時，

出於對人類輿論的尊重，必須把他們不得不獨立的原因予以宣布。

這個句子裡面滿載著關於十八世紀國際政治的一套設想。[3]最根本的一個是有一群政治實體存在（「世界各國」），它們根據若干外部法則（「自然法則和上帝的意旨」）彼此互動。它們有權如此是基於兩個主要原因：因為它們彼此分離——或獨立於彼此——也因為它們地位平等。它們的數目並不是封閉或固定的；不時可以擴增，以納入任何不得不獨立，因而希望在既存的國家間獲得平等地位的「人民」。然而，與任何由各自獨立的政治法人（political person）所組成的公眾一樣，這個群體自有其輿論，必須受到知會與尊重。因此其成員間以《宣言》這類公開文件為手段，進行正式溝通。

《宣言》的最後一段，列舉了已成功獲得獨立和平等地位的國家所擁有的權利：

這些聯合一致的殖民地從此是自由和獨立的國家，並且按其權利也必須是自由和獨立的國家……作為自由獨立的國家，它們完全有權宣戰、締和、結盟、通商和採取獨立國家有權採取的一切行動。

這個國家法人權利的清單是開放而未盡的，與《宣言》稍早提到的個人權利清單一樣，那裡提出人人都有「造物者賦予他們**若干**不可剝奪的權利，**其中包括**生命權、自由權和追求幸福的權利。」（粗體是我強調的部分。）《宣言》明確指出國家權力——宣戰、締和、結盟、通商——但是沒有排除若有需要時可行使其他相似權力的必要性。透過這樣精準卻保有彈性的權利宣言，美利堅合眾國的代表們宣告脫離大英帝國這個跨國（transnational）群體，轉而加入由獨立主權國家組成的國際（international）社會。

《獨立宣言》因而宣告的是互相依存（interdependence）。藉由這個宣言，大陸會議成員展現了他們「對人類輿論的尊重」。他們將有關他們情況的事實，呈現給「公正的世界」，意思是不帶偏見的世界。對於英國人，他們承諾「以對待世界上其他人一樣的態度對待他們：和我們作戰，就是敵人；與我們和好，就是朋友」。《宣言》或許透過大陸會議代表為美國人民發聲，但美國人民並非這份文件所隱含的論據對象。那個對象是「人類輿論」，亦即世界各國集體的共同看法。

「宣言」（declaration）這一用詞本身也隱含這個意思。誠然，這個用語在十七世紀英國歷史和十八世紀英國法律中，有其特定意義。歷史上，宣言指的是由代表機構（如國會）所發布的公開文件；大陸會議將其所發表的文件稱為「宣言」，藉此暗指它與英國國會擁有相同權力，得以發布這類文件。[4]法律上，十八世紀首屈一指的英國律師威廉·布萊克斯通爵士（Sir William Blackstone）在一七六五年指出，「declaration（聲明）、narratio（起訴狀）或 count（訴訟理由）」，是「〔民事訴訟中〕原告詳細陳述其投訴理由」的形式。《美國獨立宣言》中只有第三部分——針對英王不平事例的指控書——符合這個定義下的 declaration。[5]

在當時的外交用語中，宣言指的是官方機構發布的正式國際公告，「可能是發布給全世界的一個通用宣言（manifesto），或是由大使遞交給個別宮廷的照會」。[6]今日，這當然是在「宣戰」（declaration of war）或「獨立宣言」這類用語中的主要意義。[7]《獨立宣言》中，三種宣言形式的元素都有，但其用語、形式與意圖，最接近「發布給全世界的一個通用宣言」。

《宣言》是一連串文件的總結，大陸會議的用意在於透過這些文件形塑大英帝國各地的「人類輿論」（一七七六年七月以前），而後是廣大世界的輿論（透過《宣言》本身）。發布這份文件之前，大陸會議已產生過大約十五份其他的國務文書，形式包括信件、請願書、提議、致詞和一篇演講，但是只發布過另外一篇「宣言」，是為《獨立宣言》在形式上的先例：那是一七七五年七月六日的「聯合殖民地代表的宣言……闡述他們拿起武器的原因和必要性」。*這份較早宣言的主要起草人包括傑佛遜，以及賓州代表約翰．迪金森（John Dickinson）。文中，他們認可「有義務尊重世界其餘國家，將我們使命的正當性予以告知」，也將被錯待的人民的困境「展現給世人」。[8]

一如《獨立宣言》，《武裝宣言》在英國與其美洲殖民地的鬥爭中標誌了關鍵的轉折點：殖民者轉向正式的武裝衝突。這份宣言同樣是以更廣大世界的輿論為對象，保證「我們募集軍隊不是出於脫離大不列顛並建立獨立國家的野心意圖」；相應地，大陸會議迅速將這份文件發送到大西洋彼岸，以便刊印在倫敦的報紙上。大陸會議其他國務文書的對象曾包括英國人民、魁北克居民、愛爾蘭人民、牙買加議會、易洛魁六族聯盟（Six Nations of the Iroquois Confederation）、加拿大省，以及諾斯勛爵（Lord North）和英國國王。只有一七七四年十月的一份文書是以殖民地居民為對象。而即使是那份文件，撰寫的明確期待也是要為「他們的使命向其餘人類作出最強烈的建言」。[9]

一七七六年七月發布的《宣言》改變了其隱含的受眾——從大英帝國以內的特定社會成為「公正的世界」——而此舉落實了宣言的中心主張：聯合殖民地不再是大英帝國的成員，且如今與「世界各國」並肩而立。事實上，發表《宣言》之前近兩年的時間裡，大陸會議就已經在行使這份文件中為美利堅合眾國所主張的大多數權利了。大陸會議一直在與英國代表談判，指派代理人追求其在歐洲的利益，與外國通信，為革命大業尋求各種援助。[10] 因此，對於支持發表宣言的大陸會議成員而言，「問題不在於是否應該透過獨立宣言改變我們的現狀，而在於是否應該宣告一個已經存在的事實」。[11]

對某些人而言，早在一七七六年七月以前的那幾個月，大不列顛與聯合殖民地之間的連結就已為一連串法案所切斷了，《宣言》只是其中的最後一個。在一七七五年八月，喬治三世已經透過文告宣稱北美殖民者為叛亂分子，此後不受他的君權保護。英國國會在一七七五年十二月通過《禁止法》（Prohibitory Act），確立了國王的宣告。約翰・亞當斯在一七七六年三月提醒一位通信者，不要將單純的貿易自由與在國際上全面獨立混為一談：「獨立是個惡鬼，樣貌恐怖，嬌貴的人若直視其面目可是會大驚小怪。」只有透過政治手段解除帝國的枷鎖才會走到這嚇人的一步。不僅如此，亞當斯認為，這個政治解除已經透過「禁止法，或是海盜法，或是劫掠法，或是獨立法」而發生了。「這是大英帝國的徹底斷絕之舉，」亞當斯寫道，「它將十三個殖民地拋出王權的保護之外，消除所有特別待遇，使我們在所有的懇求和籲請之後被迫獨立……奇怪的是

＊譯注：簡稱《武裝宣言》（Declaration of the Causes and Necessity of Taking Up Arms）。

美國人對於接受這個禮物卻仍有猶豫。」[12]他們不會猶豫太久。儘管他們如今在英國國王與國會眼中已是叛亂者，在世界其餘人眼中他們還不是正當的交戰方。

為了把一場大英帝國內戰變成帝國之外的國家間戰爭，必須從個別的革命分子和叛國者中創造出正當的交戰方——亦即國家。正是出於這個動機，理查·亨利·李才會在一七七六年六月七日代表維吉尼亞州代表團向大陸會議提出決議文：「這些聯合一致的殖民地從此是自由和獨立的國家，並且按其權利也必須是自由和獨立的國家，它們取消一切對英國王室效忠的義務，它們和大不列顛國家之間的一切政治關係從此全部斷絕，而且必須斷絕。」

這個決議文實質上就是大陸會議最初的獨立宣言，而其國際脈絡可以從李氏動議中的其餘文字看出：「應立即採取締結國外盟友最有效的措施。應準備組建邦聯的計畫，並傳遞給各殖民地供其考慮與核可。」[13]

這個決議後設立了三個緊密相連的委員會，在人員與使命上都有重疊。其中一個負責撰寫獨立宣言，另一個負責起草商務與結盟的模範條約，第三個負責擬定邦聯條例，每一份文件都是為了表達在當代萬國法之下的國家主權：《獨立宣言》定義了國家主權；《模範條約》（Model Treaty）落實它；[14]《邦聯條例》（Articles of

Confederation）則透過條款二（「每一州都保留其主權、自由和獨立」）保護十三州各自的主權，但是將主權在國際上的展現保留給大陸會議（透過條款六和九，賦予大陸會議「締結和平或宣戰的獨有權利與權力」）。[15]

獲得其他歐洲國家承認與援助的需求，自一七七五年秋天以後更加迫切。該年十月，亞當斯忖度著外國政府有沒有可能拒絕美國使節：「我們的提議與代表不會被鄙夷以對嗎？」[16]相似地，理查・亨利・李也在一七七六年四月指出：「只要我們自認是大不列顛子民的一天，便沒有一個歐洲國家會與我們締約或貿易。榮譽心、尊嚴與國際習慣都禁止它們這樣做，直到我們成為獨立的國民。」[17]因此殖民地有必要設立法律實體，讓歐洲國家有進行貿易與結盟的正當對象。

依據「國際習慣」（the customs of states）為獨立請命最詳盡的論述，出現在一七七六年一月湯瑪斯・潘恩（Thomas Paine）的暢銷小冊《常識》（*Common Sense*）的尾聲。潘恩主張：「沒有什麼比一份公開而展現決心的獨立宣言，更能快速有效地解決我們的事務。」只有獨立才能讓調解者介入，為美利堅合眾國與大不列顛進行和談；少了這樣的調停，「我們的爭論可能永無寧日」。少了獨立，無從建立外國盟友：如果最後只會被要求協助與英國和解，法國與西班牙不可能支持殖民地。若不宣告獨立，叛亂的指控也將持續：「我們在外國眼中必定被視為叛亂者。」不僅如此，必須「出版一份宣言並遞送至外國宮廷」，說明殖民地的不滿，英方補救行為之闕如，以及脫離的必要性，「同時向這些宮廷確保我們對它們抱持和平態度，並希望與它們通商」。在送出這樣一份宣言以前，「所有宮廷的慣例都對我們不利，也將持續如此，直到我們透過獨立與其他國家比肩而立」。[18]

從一七七六年春天到初夏，潘恩的主張迴盪在由各殖民州地方組織送給大陸會議代表的各種指示、致詞與決議文中。舉例而言，一七七六年四月，北卡羅來納的代表團就收到這樣的催促：「與其他殖民地的代表一致同意宣告獨立並締結國外盟友」，而來自維吉尼亞州夏洛特郡的代表團收到的指示是「拋掉不列顛的枷鎖，與任何同情我們目標的國家結為商業同盟」。次月，類似的指示亦來自麻薩諸塞州的莫爾登（Malden），傳達「我們靈魂熱切的希望，讓美利堅成為一個自由和獨立的國家」，而在一七七六年六月，康乃狄克州代表收到的指示是「宣告聯合殖民地成為自由而獨立的國家」。[19]

這些指示一如《宣言》本身，忠實地結合了潘恩在《常識》中有力地提出的兩個論點：北美殖民地應該獨立，並成為非君主制共和國，意思是「自由的……國家」。十六世紀末期，「國家」（state）一詞已經有了其明確可辨的現代意義，指一個非個人的政體，有別於政治權力的掌握者。在英語政治語言中，「自由國家」（free state）一詞當時已特指非君主制政權，如一六四九年英國國王查爾斯一世遭處決後所創立的「共和與自由國家」（Commonwealth and Free State）。[20]一七七八年，美國歷史學者大衛．拉姆齊（David Ramsay）在美國獨立兩週年時指出：「獨立是多產的親代，孕育了以平等原則組成的各個政府……附屬於大不列顛時，我們毫無自由可言；因為，若問什麼是自由國家，難道不就是依照自己的意志治理嗎？」[21]「自由和獨立的國家」因而就是共和制政府，外於與英國王權的任何效忠關係，並依照萬國法下的主流規範運作。

一七七六年，這些規範的標準指引就是瑞士法學家艾默．德．瓦特爾（Emer de Vattel）簡明扼要的著作《萬國法》（*Law of Nations*，一七五八）。[22]瓦特爾的法律手冊是七年戰爭早期的產物，以歐洲外交領域的主流語言法文寫成，但是出版後幾乎立即就被翻譯成英文。此後半個多世紀中，這本小冊在歐洲與美洲就是針對此一主題的標準文本，影響所及，它對我們今日所稱的國際法與國際關係中重要用語的定義，在歐洲的外交領域中成為標準定義，在美國外交領域中也日益如此。[23]

在瓦特爾對國家地位（statehood）的定義中，獨立是根本要素：

每一個自我治理的國族，不論形式為何，只要不依附於任何外國，就是**主權國家**（sovereign state）。其權利天生與其他所有國家相同。主權國家是共同生活在一個自然社會中的道德人（moral persons，法人），受萬國公法管轄。任何國族欲加入這個偉大的社會，只要是真正擁有主權並獨立即可，意即它根據自己的權威與法律自我治理。

這類獨立主權國家帶有其組成分子的特質：「國族由天生自由而獨立的人所組成，他們在公民社會建立以前共同生活在自然狀態中，因此國族，或主權國家，必須被視為彷彿在自然狀態下共存的自由人。」根據此事實，瓦特爾得出管轄所有國家的兩大法律：它們應當對所有其他國家的幸福與圓滿有所貢獻；以及，由於身為國家它們互享自由與獨立，它們必須讓彼此得以在安寧中享受自由。瓦特爾主張，由於國家是自由、獨立而平等的，它們必須享有完全平等的權利。這類權利不能高於萬國公法：所有國家皆可自由而獨立，但依然必須遵守自然在它們之間所建立起之社會法律。[24]

在瓦特爾以前，沒有一個國際法的著述者曾經如此一貫又堅持地強調自由、獨立以及相互依存，以此為國家間彼此關係的前提。《美國獨立宣言》的作者很快就採用了他反覆堅持的主張，即國家是「自由而獨立的」，以此構想他們自身國家的條件。這樣做的同時，他們落實了瓦特爾的中心主張——用與他同時代的英文譯者的話說，這個主張就是「獨立對每一個國家都絕對必要」（independence is ever necessary to each state）；要獲取獨立，「國族只需符合人類間既有的自然與普遍社會對它們的要求，即已足夠」。[25]最終，這將成為現代國際法中對於獨立的標準定義：「與其他國家建立關係的能力。」[26]

《獨立宣言》中將獨立等同於國家地位的概念與瓦特爾的想法如此相似，並非偶然。一七七四年十月，有人告知詹姆斯・麥迪遜（James Madison）：「瓦特爾、巴勒馬基、洛克和孟德斯鳩似乎是〔大陸會議〕在討論殖民地權利或某一措施的公正或合宜性有紛爭時所參考的標準。」[27]一年多以後的一七七五年，班傑明・富蘭克林（Benjamin Franklin）特意找到瓦特爾著作的最新版本供大陸會議使用，因為「一個新興國家的處境讓經常參考萬國法有其必要」。富蘭克林將取得的三本書分送給費城圖書館公司（Library Company of Philadelphia）、哈佛學院圖書館，以及大陸會議。（大陸會議的那一本已經佚失，但其他兩本還在富蘭克林當年分送的兩間圖書館。）瓦特爾的著作立即派上用場：正如富蘭克林在一七七五年十二月對瓦特爾著作的編輯杜瑪斯（C.

G. F. Dumas）所說，這本書「一直在我們正值會議期間的成員手中」。[28]《宣言》中所表達的願景，即「自由和獨立的國家」依據「自然法則和上帝的意旨，取得……地位」，明顯源自瓦特爾對國家在自然法則下為自由而獨立的想法。可見富蘭克林所說的話並非空洞的奉承。

一七七六年當時，將國際上的國家地位定義為自由與獨立仍屬新穎，若將《美國獨立宣言》與比它更早、且日後才被稱為獨立宣言的兩份文件相比，這一點更為明顯，這兩份文件分別為：《阿布洛斯宣言》（Declaration of Arbroath，一三二〇，蘇格蘭獨立宣言）與《荷蘭誓絕法案》（Dutch Act of Abjuration，一五八一，荷蘭獨立宣言）。《阿布洛斯宣言》的署名者為蘇格蘭的伯爵與男爵階層，對象為教宗若望二十二世，敦促他運用其影響力，說服英國國王愛德華二世與蘇格蘭國王羅伯特．布魯斯（Robert Bruce）展開和平談判。這份文件主張蘇格蘭的自由，根據的是蘇格蘭國族的歷史延續性，以及源自羅馬史學家薩祿斯特（Sallust）對自由的觀念。文件中的主張因而是面向過去而防守性的。[29]二十世紀以前，這份文件從未被稱為蘇格蘭獨立宣言；但是這個很後來的定位，並未阻礙美國國會在一九九八年通過決議，認定一七七六年的《美國獨立宣言》是以一三二〇年那份「啟發性的文件」為模範，也沒有阻礙此後幾乎每一年，眾議院與參議院都會再次確認這個連結，通過決議以四月六日為全國格紋日（National Tartan Day），也正是《阿布洛斯宣言》簽署的日子。[30]

荷蘭國會在一五八一年七月透過《荷蘭誓絕法案》（Plakkaat van Verlatinge）宣告不再效忠西班牙國王菲利普，雖然棄絕了菲利普的王權，但他們尋求「另一個強大而慈悲的王子保護並防禦這些省分」：從這個意義上而言，這是一個即將依從於新君主安茹公爵（duke of Anjou）的宣言。[31]這份文件同樣植根於自十四世紀以來即獲得保障並經常強化的歷史和契約權利，並未訴諸自然法則或是歷史與正面約定以外的抽象權利。然而，從形式上而言，《美國獨立宣言》仍與《荷蘭法案》足夠相近——包括有權推翻暴君統治的主張，以及在文中列舉不平事例——使親英（並反美）的荷蘭省督奧蘭治親王威廉五世，在一七七六年八月稱《宣言》不過是對「我們的先輩為反對國王菲利普二世所發布之宣告，拙劣的仿作」。[32]

要說《荷蘭法案》為一七七六年的《美國獨立宣言》提供了範本，最多只有間接證據。[33]即使真有其事，在較早的這份宣言中也找不到尋求獨立的關鍵主張。這份文件同樣要在最初公布的很久之後，才會以荷蘭獨立宣言為人所知，而且是在《美國獨立宣言》獲得顯著地位之後。一直到一八九〇年代，它才有了荷蘭獨立宣言之名，而且還是起源自美國而非荷蘭，因為當時在美國曾有一陣短暫的「荷蘭熱」（Holland Mania），兩個共和國的歷史被正面比較，而許多美國制度的起源，例如宗教自由與新聞自由，被回溯到據稱是其根源的荷蘭。[34]這些將歷史文獻稱為獨立宣言的遲來命名，顯示的不是《美國獨立宣言》任何真正源遠流長或尊貴的出身，而是其在世界歷史上日增的威望與顯著地位。

儘管一七七六年《美國獨立宣言》缺乏確切的文類先例，這不應被視為大陸會議在爭取美利堅合眾國加入國際社會時，忽略了歷史教訓或廣泛全球脈絡的證據。一七七六年六月和七月的李氏決議文相關辯論中，兩方為了支持與反對宣告獨立的主張，都充分考慮了這類教訓。[35]反對宣告獨立的一方主張，法國或西班牙因為擔憂新興勢力會威脅他們自己在美洲的利益，不太可能與殖民地結盟。更嚴重的是，這樣的擔憂可能驅使法國與西班牙宮廷和英國站在一起，而英國「將同意分割我們的領地，把加拿大歸還法國，東西佛羅里達還給西班牙，使它們得以收復」在一七六三年七年戰爭結束後割讓給英國的「這些殖民地」。[36]

七年戰爭餘波盪漾，加上其他近日的國際事件，使得受分割的威脅對許多殖民者而言既迫切又真實。因此在一七七六年七月一日的大陸會議上，約翰・迪金森警告：「如果大不列顛無法征服我們，殖民地就會被分割」；這就好像「還沒有新房子前就把舊房子摧毀。而且是在冬天，家裡人很少的時候」。[37]即使在已經發布宣言後，另一名賓州代表班傑明・洛西（Benjamin Rush）仍擔心，這只會刺激英國與存心掠奪的歐洲盟邦採取更大規模的軍事行動。他在一七七六年七月二十三日問道：「如果北美十三州被兩、三個外國勢力瓜分，看到歐洲最強大的兩、三個國家的軍隊抵達我們的海岸，你作何想？」[38]

歐洲的外交慣例使這類憂慮有所根據。一七六八年，熱那亞人便請來法國人鎮壓地中海島嶼科西嘉的叛亂，這場叛亂自一七六五年起由帕斯卡・保利（Pascal Paoli）領導，而這位英雄人物的奮鬥是北美殖民者所深知且大為讚揚的。[39]（賓州的保利鎮至今仍提醒我們殖民地昔日對科西嘉獨立運動的熱情關注。）一七七二年，普魯士、俄羅斯與奧地利已經展開對歐洲最大國家的分割，也就是第一次瓜分波蘭（Partition of Poland），這一連串事件同樣引發了殖民者的關注與焦慮。[40]

有這些令人憂心的例子在先，丹尼爾・雷納德（Daniel Leonard）在一七七五年警告，英國可能與法國和西班牙結盟，導致「整個大陸成為他們的囊中之物，並且被一塊塊分割出去，正如波蘭」。理查・亨利・李則在一七七六年四月推測：「只要對許多歐洲宮廷近日的活動稍加關注，就足以看出這個腐敗年代的特徵，亦即瓜分的意圖，以及自以為可將人與國家像農場上的牲口一樣處置的權利……科西嘉和波蘭不容爭辯地證明了這一點。」[41]一年後的一七七七年四月，湯瑪斯・潘恩證實了在發布《宣言》之前的討論中，這種憂慮有多麼顯著：「當時有理由相信英國會試圖將此事變成歐洲事務。」他同樣引科西嘉與波蘭為證，顯示「這類事情在舊世界經常可見」。他的結論是：「全歐洲都有意擊敗身為叛亂者的我們，而全歐洲（至少絕大部分的歐洲）都有意支持身為獨立國家的我們。」[42]

反對獨立者建議暫緩此事，以免某些殖民地組成的「邦聯」（confederacy）脫離後，會促使歐洲強權入侵被弱化的殖民地。大陸會議中支持獨立的代表則訴諸另一段歷史以回應這種指控。雖然一致決議無法立即達成，但是「一開始只有三個省分聯合起來的荷蘭革命的歷史證實，部分殖民地的脫離並不如某些人所擔心的那樣危險」。[43]

荷蘭革命是現代歐洲歷史上，首度有省分成功脫離一個帝國君主政體。北美殖民者熟知這個先例，是這場革命帶來了一個像他們一樣的自由國家聯邦。[44]正如一七八一年四月，阿比蓋爾・亞當斯（Abigail Adams）在荷蘭聯省共和國（United Provinces）宣告支持美國獨立之後所寫：「如果昔日的巴達維亞*精神還存在於他們之間，那英國將懊悔她破壞萬國法，入侵他們毫無防禦的領域，並且將……所有中立國家聯合起來的力量……招致到自己身上的那一天。」阿比蓋爾認為，兩國所追求目標之間的相似處，「將能在美利堅合眾國與荷蘭聯省共和國之間，建立牢不可破的連結，它們各自從相似的處境中獲得獨立，對某菲利普與某喬治施加的束縛與壓迫不屑一顧」。[45]約翰．亞當斯依循類似的理路，在同月寫信給荷蘭國會：「兩個共和國的起源如此相似，以至於其中一個的歷史似乎只是另一個的副本。」[46]有鑒於兩個聯邦之間經常被作比較，或許別具意義的是，在十七和十八世紀時，荷蘭聯省共和國在英文裡有時被稱為「合眾國」（the united states）。大陸會議在起草《模範條約》時所參考的條約專書中，就有一份一六六七年的英西協議，正是以這種方式指稱「低地國家合眾國」（the united states of the Low Countries）。[47]

---

* 譯注：巴達維人（Batavi）是古羅馬時期的一支日耳曼部族，生活在今日荷蘭的萊茵河口一帶，羅馬人稱那個地區為巴達維亞（Batavia）。文藝復興時期，荷蘭人認定巴達維人是他們在文化上的祖先，因而亦以巴達維亞為荷蘭之名。

獨立支持者除了援引歷史，也以較貼近當時的國際事務現狀佐證他們的論點。少了一份宣言，他們重申，將會「違反歐洲人的細膩講究，讓歐洲國家無法與我們談判，甚至無法接見我們的大使」。比起只是殖民地勢力的崛起，法國與西班牙更擔心的是英國在美洲獲得勝利，以及後續的英國勢力再起。還有更實際的考量促使殖民者立即行動，因為「必須抓緊時間，為我們的人民開啟貿易，他們將需要衣服，也會需要金錢以繳納稅款」。[48]

在七月一日大陸會議的辯論中，反對宣告獨立的約翰．迪金森提出最後一搏的論點，針對發布任何一個通用宣言提出警告，因為「外國勢力不會仰賴文字」。反之，他建議與歐洲勢力（尤其法國）私下談判：「我們不應泛泛地談論國外勢力，而是要談那些我們預期會支持我們的。」[49]然而，已有使節被派赴歐洲，而大陸會議上的氣氛是壓倒性地支持獨立。李氏決議文在七月二日無異議通過，這要感謝賓夕法尼亞州代表團，他們與南卡羅來納州和先前意見分歧的德拉瓦州代表團，改投了同意票。[50]七月三日，約翰．亞當斯依然為確認獨立延誤了這麼久而惋惜（「在此時刻以前，我們或許已經與外國結為同盟。——我們應該已經掌握魁北克並且取得加拿大」）。不過他依然為終於確認獨立而喜悅：「一七七六年七月的第二天，將是美國歷史上最令人難忘的一天」，

「應該作為解脫之日（Day of Deliverance）受到紀念……，從這塊大陸的一端到另一端，自此刻起直到永遠」。[51]

後代的評斷是，亞當斯為紀念美國獨立所挑選的聚焦點，不僅日子錯了，連文件也不對。亞當斯的選擇在當時比較說得過去，因為李氏決議文標誌出此後沒有回頭路的那一刻，具有關鍵重要性。《獨立宣言》用來向「人類輿論」證明李氏決議的正當性，嚴格來說只是次要文件。

《獨立宣言》通過前的那三天，大陸會議針對文件用字進行了激烈辯論。七月四日的三週以前，大陸會議指派了由傑佛遜、亞當斯、富蘭克林、羅傑・謝爾曼（Roger Sherman）與羅伯特・李文斯頓（Robert R. Livingston）組成的小組，負責起草《獨立宣言》。[52]六月二十八日，傑佛遜將小組的成果呈報給大陸會議，但是宣言草稿遭擱置一旁，等待李氏決議文的表決結果。

傑佛遜呈交的文字，是在大陸會議事務的極大壓力下所寫，並有來自小組其他成員的建議。內容有一部分來自一系列相關的其他材料：他為維吉尼亞州憲法寫的前言；喬治・梅森（George Mason）起草的《維吉尼亞權利宣言》（Virginia Declaration of Rights）；以及李氏的獨立決議文。結果是一幅非凡的文字拼貼。形式上，它既是宣言——從《武裝宣言》也是宣言的這層意義而言——也是聲明，意指它詳細陳述證據，以支持「對世界法庭提出的訴求」，如傑佛遜後來在一八二五年所言。聲明的核心就是構成「大不列顛國王的歷史」的連串指控，多數都擷取自傑佛遜為維州憲法所寫的前言。[53]

傑佛遜細數那些「接連不斷的傷天害理和強取豪奪的歷史，這些暴行的唯一目標，就是想在這些州建立專制的暴政，」這是自一七七四年起在大陸會議各種國務文書中可見的陰謀論之總結。《致北美殖民地居民書》（To the Inhabitants of the Colonies，一七七四年十月）列舉了自「上一場戰爭結束」——亦即七年戰爭在一七六三年結束以來——所有對殖民地不利的立法與其他措施。其中舉出的證據足以讓大陸會議相信，「有一決議形成並正在執行，目的是消滅殖民地的自由，使其受暴虐的政府宰制」。[54]

根據大陸會議的敘述，正在上演的是一場全球陰謀，因為它以帝國為範圍。大陸會議也將這個說法傳達給十三殖民地以外的受眾。一七七四年十月，會議通知魁北克的居民，「剝除動聽的話語後，整體要義是，國王與其大臣在你們廣大的省分內將絕對專制，一如亞洲或非洲的暴君」。次年，會議描述給牙買加議會的是更為全面而「步步為營的計畫，要在帝國的每一個角落摧毀英國長久以來因以聞名、也應當因以聞名的自由體制」：

在東印度地區，居民的柔弱使得要征服他們輕而易舉，因此英國認為連以最薄弱的偽裝掩飾他們的專制原則都無必要。……在英國，自由的原則仍為人知，但是奢侈浪費減弱了對這些原則慣常的尊崇，對它們的攻擊以一種更祕密而間接的方式進行：貪汙腐敗被用來削弱它們。美國人並不如印度居民一樣柔弱無力；也不像大不列顛居民因奢侈而墮落：因此被認為並不適合以賄賂或不加掩飾的武力攻擊。

大陸會議在一七七五年七月對愛爾蘭人民的演說詞中指出，因為上述這些原因，「我們被迫進入的這場重大競賽，如今已經引起所有歐洲國家關注，並且特別會影響到大英帝國的成員」。[55]

北美衝突中的雙方都指控對方有某種陰謀，不論是美國人所說的英國暴政，還是如英國人反控的美國獨立，但是只有美國人將他們的懷疑投射到全球螢幕上。[56]這樣做有一部分是為了獲取帝國其他角落的支持：如果北美殖民地屈服於英國官員或王室專政，從此還有誰能不受英國暴政威脅？然而，如果這些指控缺乏廣泛共鳴，北美殖民者不可能指望以此說服魁北克或愛爾蘭的居民。

自十七世紀中以來，英格蘭與後來的大英帝國政治論述中，傳統上都將北歐與北美殖民地享有的自由呈現為得來不易，在多數人口為奴隸，受專制君主或暴君統治的世界裡，這些自由不僅處境艱難，而且永遠處於守勢。「自由是人類與生俱來的權利，」英國政治經濟學家亞瑟．楊格（Arthur Young）在一七七二年高喊，「然而綜觀世界，享有它的人是那麼少！」據他計算，在全球約七億七千五百三十萬人口中，只有三千三百五十萬不是「專制暴君悲慘的奴隸……而這少數人中又有一大部分，一千二百五十萬人，是大英帝國的子民」。[57]

這種觀點最鏗鏘有力的陳述，來自潘恩的《常識》一書，他以下面這些激昂人心的話語，總結了他對美國人所受傷害的敘述：

噢，愛人類的人啊！不僅敢於反對暴政，也敢於反對暴君的人，站出來！舊世界的每一處都被壓迫所踐踏。自由在全球被獵捕。亞洲與非洲早已將她驅逐在外：——歐洲與她形同陌路，而英國也已警告她離開。噢！收容這亡命者，及時為全人類準備一個庇護所。[58]

五個月後，《宣言》的作者也將認同潘恩的判斷，認為國王要為不利於他美洲子民的各種圖謀負責。但是他們沒有仿效潘恩的末日辭令，僅聚焦在他對暴政入侵世界的全景描繪中，適用於北美殖民地的細節。

《宣言》中段關於國王「傷天害理與強取豪奪」之事的清單，刻意在地點與日期上保持模糊。對國王的多項指控中，每一項都適用於任一個或所有的殖民地。[59]任何在一七七四到一七七六年間對美國「宣傳冊戰爭」（pamphlet wars）有所關注的人，都不會對這些指控感到陌生：舉例而言，許多指控都曾出現在大陸會議於一七七四年致殖民地居民的信件中，以及傑佛遜於同年所寫的《英屬北美權利概要》（Summary View of the Rights of British America）。[60]在《概要》中，傑佛遜在維吉尼亞州下議院致國王書中列出這些指控，並支持聯邦的概念，即國王只是由多個「國家」所組成的「大英帝國的首要行政官」，這些國家亦包括英屬北美「各自不同而獨立的政府」。傑佛遜文中所述「一連串肆無忌憚的傷害」，被歸咎於英國國會而非國王，以此「清楚證明有一個刻意而有系統的計畫，要讓我們淪為奴隸」。[61]

相對的，《宣言》控訴的暴行始於一連串不利於殖民地的概括行為，接著是一套更特定的指控，指稱國王批准一些法案，為的是「把我們置於一種不適合我們的體制……管轄之下」，接著才是最高潮，詳列對殖民地居民更廣泛的實體與經濟攻擊。[62]第一組指控是國王藉由阻擋殖民地立法、干擾殖民地議會、抑制人口移入、干擾司法程序與自由，以及逕自在殖民地設立常備軍，直接介入殖民地事務。第二組指控則以宗主國未考慮殖民地需求而逕行通過的法案為對象，包括「切斷我們同世界各地的貿易」，「編造罪名把我們遞解到海外去受審」，和「在一個鄰省廢除英國的自由法制」（鄰省指的是魁北克）。

隨著各項指控在修辭上漸次堆疊增強，第三組指控、也是其最高潮，從國內行政與殖民地立法權限轉而向外，進入萬國法的領域。《宣言》控訴，國王「在我們的海域大肆掠奪，蹂躪我們沿海地區，焚燒我們的城鎮，殘害我們人民的生命」。他輸入外國傭兵來完成「屠殺、破壞和肆虐的勾當，這種勾當早就開始，其殘酷卑劣甚至在最野蠻的時代都難以找到先例。他完全不配做一個文明國家的元首」。他「在公海上俘虜我們的同胞」，迫使他們與自己的同胞兵戎相見。而他暴政最極致的證據是，「他在我們中間煽動內亂，並且竭力挑唆那些殘酷無情、沒有開化的印第安人來殺掠我們邊疆的居民；而眾所周知，印第安人的作戰規律是不分男女老幼，一律格殺勿論的」。

英國人民對這些惡行沒有絲毫抵制，他們不願「棄絕這些必然會影響我們關係和往來的掠奪行為」——意思是，會斷絕殖民地與更大世界各種商業往來的行為。北美殖民地居民別無選擇，只能中止英國人與英屬北美居民間曾經的血緣牽絆，代之以獨立人民之間受到萬國法管轄的關係：「因此，我們實在不得不宣布和他們脫離，並且以對待世界上其他人一樣的態度對待他們：和我們作戰，就是敵人；與我們和好，就是朋友。」

在最終由大陸會議通過並發布給全世界的那一版《宣言》中，一長串控訴的修辭最高潮是指控喬治三世試圖「煽動內亂」——這指的是奴隸的叛亂，比如一七七五年英國總督鄧莫爾（Dunmore）為了削弱殖民地的種植園經濟，在維吉尼亞州透過公開宣告所鼓動的奴隸叛亂——並且招致了「殘酷無情、沒有開化的印第安人」攻擊殖民地居民。[63]

這些指控暗示，國王實質上將殖民地置於戰爭中文明做法的「界線之外」。十八世紀歐洲國家的習慣法，將這類襲擊正式排除在文明行為的範疇以外。《宣言》所隱然指出的是，不法的暴力與野蠻——透過自由奴隸和原住民戰爭模態而上演——被重新容許在北美殖民地境內發生，不僅冒犯殖民地居民的感受，也侮蔑了形成中的國際秩序。當然，這樣的指控可以輕易被反轉，正如英國在美國獨立戰爭期間也相似地指責殖民地居民做法野蠻，有違歐洲主流的戰爭法。[64]

在傑佛遜草擬的《宣言》原稿中，對國王的最終指控更明確地訴諸萬國法，以及當代歐洲文明的準則。傑佛遜主張，喬治三世：

> 對人性本身發起了殘酷的戰爭，在從未冒犯他的遙遠人民身上，違反人性最神聖的生命與自由權利，擄獲他們並將他們帶到另一個半球成為奴隸，或是導致他們在運輸途中慘死。這種海盜般的戰爭，這種**異教**政權也不齒的行徑，竟是大不列顛**基督徒**國王的戰爭方式……而為了讓這種種恐怖的集合更無所缺，如今他還煽動那些人在我們之間發動武裝攻擊，要他們靠著謀殺同樣被**他**強加干預的人民，換取被**他**所剝奪的自由；如是，在他對一國人民犯下違反他們**自由**的罪行之後，他鼓勵他們對另一國人民的**生命**犯下罪行，以抵銷他的罪行。

這段文字在雙重意義上顯得突兀，因為傑佛遜本人就與奴隸制度糾纏不清，也因為這些話必然會被某些州代表從最終版本的《宣言》中刪去，因為這些州希望維持奴隸貿易，或是曾在一七七六年以前涉入奴隸貿易。依照傑佛遜的記述：「對奴役非洲人表示譴責……的條款，為尊重南卡羅來納與喬治亞州而刪除了……我想我們的北方弟兄對那些責備也有些敏感；因為雖然他們的人民自己擁有的奴隸很少，卻運了很多奴隸給其他人。」[65]儘管如此，以傑佛遜《宣言》原稿的脈絡來看，這段話標誌出對國王倒行逆施的連串指控中，邏輯上的最高點。[66]

不論將奴隸貿易歸咎於喬治三世個人有多不合情理，將「大不列顛基督徒國王」，與違反萬國法準則、對歐洲人發動「海盜般的戰爭」的摩洛哥和阿爾及爾這種「異教政權」相比，都讓人想起《英屬北美權利概要》中對國王的指控，亦即他拒不支持廢除奴隸貿易，「寧為少數英國海盜的短期好處，犧牲北美殖民地的長久利益，以及被臭名昭彰的奴隸制度深深傷害的天生人權」。[67]

這樣的指控，也隱然指向美國獨立最令人憂心的後果之一：皇家海軍將不再保護美國船運不受以地中海商船為目標的巴巴里（Barbary）*海盜攻擊。美國締結的第一個防禦同盟，是一七七八年二月與法國之間的《法美友好通商條約》（Franco-American Treaty of Amity and Commerce），內容包括一個關鍵條款，規定由法國保護「合眾國的

---

* 譯注：巴巴里指十六至十九世紀北非中西部海岸地區和穆斯林國家，包括摩洛哥、阿爾及爾、突尼西亞和的黎波里，海盜和私掠者以此為根據地，掠奪地中海上的商船，亦侵擾大西洋沿岸水域與城鎮。

利益、方便與安全，以及其中每一州，其子民、人民與居民，還有他們的船隻與財物，不受……巴巴里君王與國家或其子民的暴力、汙辱、攻擊或掠奪所侵害」。[68]

對國王的這段指控是大陸會議從《宣言》中刪除最長的段落，它充滿煽動性的一大原因是，傑佛遜將英屬北美的自由居民與奴隸同稱為「人民」（people），將兩者變得等同。在原始草稿的開篇段落中，傑佛遜寫的是：「在有關人類事務的發展過程中，當**某國人民**（a people）必須擺脫他們迄今為止的屈從地位」，大陸會議修正後，這句成為眾人熟悉的：「在有關人類事務的發展過程中，當一**國人民**（One people）必須解除其和**另一國人民**之間的政治聯繫。」（重點為我所加。）在大陸會議通過的《宣言》中，只有英國人與美國人被稱為「人民」，而且是在兩層互相強化的意義上：一方面是由政治建構為主權實體的兩塊領土居民，另一方面是傳統萬國法（law of nations）範疇內的兩個單元，或者是當時懂法律的人會稱為萬民法（law of peoples）範疇內的兩個單元。（萬民法在羅馬法律中稱為jus gentium，在當時的法國與德國法律用語中稱為droit des gens 或 Völkerrecht。）《宣言》中與奴隸貿易相關的段落之刪除，以及開頭第一句的修改，移除了非洲人與美國人之間的任何類同，不論是作為「人民」，或是「屈從」的受害者。[69]然而，傑佛遜後來在《維州散記》（*Notes on the State of Virginia*，一七八五）一書中，卻正是以這些用語主張解放奴隸：維吉尼亞州議會可以將奴隸送到西部殖民，以此解放他們，而維吉尼亞州民的義務則是「宣告他們為自由而獨立的人民，與他們結盟並提供保護」。[70]

《宣言》中想像的廣大世界——在其草稿與最終發布的版本中皆然——是各國人民透過良性與惡性的往來形式相互連結的世界。那也是美國人與英國人，以及他們各自盟友與敵人之間的戰爭場域。這個國際社會的成員主要是彼此承認的主權國家，但是被行徑更像海盜的法外勢力威脅，而海盜就是傳統上的人類公敵，向人性本身開戰。[71]從許多方面，當時已經看得出現代世界的樣貌了，在其中，貿易與戰爭是不同人民與國家之間最顯而易見的互動形式。一七七六年其時，即使在歐洲思想家之中，這種對國家間互動的構念都才僅有一世紀的歷史。[72]然而，這也是一個仍能訴諸形而上的準則——「自然法則和上帝的意旨」——以及「已知的戰爭法則」和文明與野蠻等文化標準的世界。

大陸會議成員透過《獨立宣言》所要引介美利堅合眾國加入的，正是這個世界。在為自己辯護的《美國革命觀察》（*Observations on the American Revolution*，一七七九）小冊中，大陸會議視獨立為一個已然確認但四面楚歌的事實：「我們必須準備好以武力擊退武力，不論在哪裡受到攻擊，也要以一貫的不屈不撓，堅定地反駁對萬國法的每一次侵害。」如果能夠捍衛合眾國的獨立，而萬國法也能維持，那麼合眾國就會成為潘恩與其他人所預測的那個地方：受壓迫之人的庇護所，知識與仁慈的燈塔，世界商貿的共通集散地。[73]

這也是公教會牧師與耶魯學院校長艾茲拉・斯戴爾斯（Ezra Stiles）在英國於一七八三年承認美國獨立後所承諾的千禧年主義*願景：

> 這場偉大的美國革命，一個新主權國家在世上其他主權國家之間興起的政治現象，將受到所有國家關注與思索。航海將把美國的旗幟帶到全球；讓十三條條紋與新星群飄揚在孟加拉與廣東、印度河與恆河、黃河與長江上……知識將被帶回美利堅並受到珍視；在這裡被消化並臻於完美之後，可以從美利堅重新照耀回歐洲、亞洲與非洲，用真理與自由照亮世界。

斯戴爾斯的這段布道文名為《合眾國獲榮耀》（*The United States Elevated to Glory and Honour*），兩年後，他在一七八五年出版的第二版中提到，隨著最早航向東印度的美國船隻從廣東、澳門和加爾各答返回，這個願景已經開始成真。[74]《宣言》想像了一個新世界，只是為了追求美國主權。如今，其後果將形塑世界，而原因正是《宣言》所協助催生，「在世上其他主權國家之間興起」的那個「新主權國家」。

＊譯注：千禧年主義（millennialism）是新約聖經《啟示錄》中所傳達的信仰，相信在最後審判前，基督會在地球上與聖徒共同統治一千年。更廣義而言，這是一種跨文化的概念，根植於地球上將有一段超自然的和平與豐盛時期的期待。

第二章

世界裡的《獨立宣言》

一七七六年後的最初幾十年間，《宣言》在合眾國以外所引發的關注與評論比在國內還多。針對《宣言》第二段的關注很少；事實上，多數評論若不是在駁斥對喬治三世的指控，就是在針對美國獨立如何影響十八世紀晚期大西洋世界正在形成的國際秩序，進行更廣泛的思索。

國內的黨派紛爭，以及海外關於獨立本質的辯論，使得美國人在一八一五年之後有必要恢復他們《宣言》的原貌。一份以「人類輿論」和「公正的世界」為對象的文件，必須從其世界性的脈絡被收回，打造為一個特屬於美國的東西。這個本土化的努力，產生了兩個對等而相反的效果：首先，它把《宣言》原本作為一份國際甚至全球性文件的意涵，對美國人掩藏起來；第二，它將確保在合眾國境內，只有擁護蓄奴、支持南方脫離聯邦，以及批評權利主張的反個體主義者，才會記得那最初的意涵。

美國在世界眼中已經獨立的這一事實，正佐證了這份文件對美國人的意義改變所產生的效果。正如伍德羅·威爾遜（Woodrow Wilson）在一九一四年七月四日於費城獨立廳的致詞中所指出：「從一種意義上而言，《獨立宣言》已經失去其意義。它失去了宣告國家獨立的意義……如今沒有哪個地方的任何人膽敢懷疑我們是獨立的，並且有能力維持獨立。因此，作為宣告獨立的聲明，它只是一份歷史文獻。」[1]

一七七六年發布的《獨立宣言》，背後主要用意是向世界輿論證明，分屬於十三殖民地的人民，有權以和其他相似國家平等的地位，進入國際場域。《宣言》的作者尋求讓美利堅合眾國加入既有的國際秩序；循此，大陸會議將他們對世界各國的呼籲以那些國家能夠了解、最好也能認可的用語包裝。「與歐洲國家的往來中，對於它們用來約束彼此間行為的準則，我們絕不能有所逾越或不及」，詹姆斯．威爾遜（James Wilson）在一七七七年一月如此解釋。[2]從這個意義而言，《宣言》傳達給世界的訊號是，美國人這場革命的意圖，一點都**不具**革命性。它是對歐洲經國之術的確認而非挑戰。它將盡可能符合當代政治的規範準則。它絕對不是要煽動世界其他地方的叛亂或革命，而是要誘發改革。[3]

有人說《獨立宣言》是「在 jus gentium〔萬民法〕而非 jus civile〔市民法〕*的論述下所制定的文件」。[4]由於《宣言》成功爭取到美國獨立，因此這個事實通常遭到忽

＊ 譯注：jus gentium 與 jus civile 都是羅馬法用語，前者指適用於所有民族的法律，或指規範國與國之間關係的法律，包括異邦人之間以及羅馬人與異邦人之間的關係，後者為適用於特定民族或國家的法律制度，尤其指適用於羅馬公民的法律。

視。文件開篇與結尾的陳述被視為理所當然，因為從事後回顧，它們似乎永久確立了美國獨立。然而，它們終究是整份文件中最突出的句子，陳述著合眾國將要成為什麼：「在世界各國之間依照自然法則和上帝的意旨，取得獨立和平等的地位」；以及一旦達成這個目標，合眾國可以做些什麼：「宣戰、締和、結盟、通商和採取獨立國家有權採取的一切行動。」《宣言》其餘部分只是陳述了在國際秩序中主張這等地位所依據的抽象原則，並且詳述迫使合眾國「在世界各國之間」取得獨立地位的種種控訴。

儘管如今幾乎已被遺忘，對《宣言》意義的這種了解，在一七七六年之後近半世紀間大行其道，連在美國的評論者之間都是如此。因此約翰・亞當斯在一七八一年寫作時，才會稱《宣言》為「那值得紀念的法案，〔合眾國〕藉此在各國之間取得了平等地位」。巴黎有一群美國人於一七八九年七月四日寫信給傑佛遜，對他們而言，這份文件是「對世界公告了一個帝國存在的宣示」。大衛・拉姆齊在其著作《美國革命史》（*History of the American Revolution*，一七八九）中則說，宣言是「聯合殖民地脫離大不列顛政府並宣告獨立之舉」。約翰・昆西・亞當斯（John Quincy Adams）在一八二一年獨立紀念日致辭時指出：「以其首要意涵而言，《獨立宣言》僅是一個**因應場合**而生的國務文書。它是對世界的嚴肅表述，說明**迫使**大英帝國一小塊領域的人民不再效忠英王並放棄其保護，同時解除他們與英國人民社會連結的**原因**。」與亞當斯處於南北分歧另一端的約翰・考宏（John C. Calhoun）在數年後也表示同樣看法：「事實上，宣言只是對世界正式而嚴肅地宣布，殖民地不再是附屬的社群，並且已經成為自由而獨立的國家。」[5]

強調《宣言》締造國家的能力，有一部分是美國對一七七〇年代針對自然權利理論的反革命批評的回應；那些批評預示了一七九〇年代對法國《人權和公民權利宣言》更為激烈的抨擊。法國大革命還會對美國獨立的追求投下其他陰影。有些法國革命者宣稱，他們的運動受到美國啟發，這使得在憂心大西洋世界的政治與外交秩序會遭全面摧毀的人眼中，《宣言》等關鍵文件成了居心叵測又危險的東西。雖然現在常見將美國與法國革命相提並論，並將兩者同納入範疇更廣的「民主革命年代」或「革命年代」，若從兩者的國際脈絡而論，這樣的同化其實模糊了這兩個政治運動間的重大差異。[6]

國際事務是《宣言》意義的一大決定因素，連在美國本土都是如此。要將《宣言》提升至「美國聖典」的地位，並且賦予宣言第二段在此聖化地位中的重要性，必須先消除美國與法國革命只是推倒既有秩序的單一運動中兩個不同時刻的任何疑慮。借用德國反革命作家弗雷德里希・根茨（Friedrich Gentz）的說法——由約翰・昆西・亞當斯在一八〇〇年譯介給美國讀者——「對美國人而言，美國革命自始至終都只是一場**防禦性**

的革命；法國革命則自始至終，以這個字最極致的意義而言，是一場**攻擊性的革命**。」根茨認為，美國人在《宣言》中以「空虛誇大的文字」自稱擁有自然與不可剝奪的權利令人遺憾，幸好「他們沒讓這些臆測性的觀念對他們的實際作為與決議產生可見的影響」。他們的革命是一場法律上的革命，針對特定的高壓手段，並非全盤否定君主制原則。根據這些理由，「法國與他們締結的同盟，**就其本身而言**沒有任何不自然、引人反感，或與萬國法和自我保存的原則明顯牴觸之處」。[7]

萬國法本身的準則在十八世紀晚期正處於變動中，隨之改變的還有《宣言》作為國際法文件所受到的詮釋。是在這段時期，「長久以來與自然法緊密相連的萬國法……開始被當成實在法（positive law）*理解，由主權國家制定，透過獲得授權的手段集體行之，以達成漸次複雜的目的」。[8]正如一名當代評論者所說：「簡單的自然法並不足夠，在個人之間尚且如此，遑論在經常彼此往來與貿易的國家之間。」國家必須透過實踐與共識調節自然法：「兩國之間以此建立的所有權利與義務，形成了兩國間的實在國際法。稱為**實在**、特別（particular）或任意（arbitrary），是與自然、普通（universal）與必要（necessary）的法律相對而言。」[9]傑佛遜在一七九三年寫的這段話，概括了那段時期的主流想法：「萬國法……由三個分支組成。一、我們天生的道德法律。二、各國的行使。三、它們的特別公約。」[10]這些關於萬國法的互相重疊之構念，將在一七七六年之後緊接的數十年間，對於形塑美國以外的地方如何看待《宣言》，有決定性的影響。

一七七六年夏天和秋天，美國獨立的消息迅速傳到大西洋彼岸，而後深入歐洲大陸。大陸會議在七月二日通過決議的短短二個月後，獨立的消息已東傳到遠至華沙。[11]消息傳播的歷程，說明了十八世紀晚期通訊速度之快，以及仰賴這類資訊的傳送才能蓬勃發展的報紙與期刊、間諜和代理人網絡。消息首先傳到倫敦，從那裡再到蘇格蘭、愛爾蘭與荷蘭，然後傳播到德意志土地、斯堪地那維亞和南歐與東歐，全都在幾乎不到八週的時間內。

《獨立宣言》的內文首度出現在倫敦報端，是一七七六年八月的第二個星期。[12]不到一週後又在愛丁堡刊行，在那裡，哲學家暨史學家（並堅定支持美國獨立的）大衛．休謨（David Hume），可能八月二十日就讀到了文章，距離他在八月二十五日辭世僅相

＊譯注：實在法（positive law）亦翻譯為實證法、實定法或制定法，是相對於自然法（natural law）而言，指由人類的意志或立法者的意志所產生的法律。

隔五天；八月二十四日，文章亦在都柏林的報刊上出現。[13]隔週，新聞在八月二十七日於馬德里刊出，荷蘭媒體——從流通廣泛的《萊登報》（*Gazette de Leyde*）開始——於八月三十日刊出消息；次日出現在維也納。[14]到九月二日，哥本哈根一家丹麥報紙在頭版刊出《獨立宣言》的譯文。九月十四日，佛羅倫斯的讀者也獲知消息了。次月，完整的德文翻譯在巴塞爾一本瑞士期刊登出。[15]

儘管一開始透過十八世紀晚期印刷文化管道迅速傳播，《宣言》的傳播進度卻因係以英文寫成而受到一些阻礙。外交的首要語言是法文而非英文，而即使在歐洲與美洲的知識分子之間，英文也還不是主要的通用語言。[16]全世界說英語的人，不會比亞瑟．楊格（Arthur Young）在一七七二年估算的一千兩百五十萬「大英帝國子民」多多少：也就是約略相當於奧地利的人口（超過一千五百萬），少於俄羅斯的居民人數（大約一千九百萬），超過當時法國人口（二千四百萬）的一半，大概是鄂圖曼蘇丹二千八百萬到三千萬子民的一半，但只有清代中國在一七七六年近二億七千萬人口的一小部分。[17]

雖然英文對於《宣言》的傳播沒有太大助益，美國獨立卻在後來協助促成英文的全球霸權。約翰．亞當斯在一七八〇年預言：「英文注定在下一個以及後續世紀中成為世界語言，比上一個時代的拉丁文和這個年代的法文都更為普及。」[18]（這方面值得指出的是，不論在一七七六年或之後，《宣言》似乎從未被翻譯成拉丁文。）兩年後，巴黎和談英國代表團的蘇格蘭裔祕書卡萊布・懷特弗德（Caleb Whitefoord）也同意此說，在法國人挑釁地說「美國將成為世上最偉大的帝國」時，他這樣回覆：「是的，先生，而他們**全都**將說英語；每一個人都是。」[19]當然，美國國內並非每一個人都說英語。殖民地混合了多元族裔，英國人與愛爾蘭人之外，還有荷蘭、德國、法國與非洲人。誠然，《宣言》最早的德文譯本在一七七六年七月六日至九日之間，先以單張大幅印刷出現，然後出現在費城的一家報紙上，就是為了服務當地的德裔社群。[20]

一七七六年下半年，《宣言》本身在法國、義大利、德國、波蘭、瑞士或西班牙直接受到的評論很少，甚至沒有。獨立相關的新聞對歐洲的立即效應很小。[21]只有在英國和愛爾蘭引發直接的政治後果。支持英國立場的人預測：「爭取獨立的那份宣言，必將使〔美國人〕在英國原有的任何倡議者徹底緘默。」[22]某些堅定支持美國立場的人可能因為這個消息而為之鼓舞。而搖擺不定的美國同情者則退縮了，因為大陸會議的行動明確顯示，他們與英國的衝突已經沒有回頭路。[23]埃德蒙・伯克就是其中一位，他後來極盡誇張地自剖說：「他首度聽說美洲殖民地宣告獨立的那一天，心中極為痛苦；那打擊了他的靈魂，因為他看到，這個主張本質上是對這個國家的傷害，也是大不列顛永遠無法擺脫的主張。永不！永不！永不！」[24]

反對美國叛亂的英國人與美國效忠派人士，若不是譴責殖民地居民的自以為是，就是對於圖謀已久的獨立陰謀終於浮上檯面而感到安慰。與英國部隊一起駐紮在史泰登島（Staten Island）的英國海軍上將理察・何奧（Richard Howe）的祕書安布羅斯・索爾（Ambrose Serle），在一七七六年七月十三日表達了他對《宣言》的厭惡：「人類之手從未製造過比它更厚顏無恥、虛假不實而令人厭惡的宣告。」[25]何奧在一七七六年八月親自寄了最早刊印的一份《宣言》回倫敦。同年九月，他在史泰登島與大陸會議代表團成員約翰・亞當斯、富蘭克林與愛德華・拉特利奇（Edward Rutledge）會晤時，同樣體認到《宣言》如何改變了英國人與殖民地居民間的關係：「是他們自己透過《獨立宣言》改變了談判基礎……這一點如果不能解決，便排除了他簽訂任何條約的可能……他沒有、也不預期會有能將殖民地當成獨立國家看待的權力。」[26]

《宣言》抵達大西洋彼岸最有效率的傳播者，不是大陸會議的代理人，而是北美洲的英國平民與軍官。一七七六年秋天，這些軍官寄了五份《宣言》回英國，而這些後來又被納入國務文書中。這五份宣言，如今構成了美國以外最有規模的《獨立宣言》原始印本收藏。[27]當時這些文件似乎沒有引發英國內閣官員的立即反應。他們可能的反應，可從被放逐的麻薩諸塞前總督湯瑪斯・赫欽森（Thomas Hutchinson）的回應推測，《宣言》的細節傳到倫敦時，赫欽森就在那裡，他說：「大陸會議發布了一份可恥的文書，列舉了對國王許多杜撰的暴君行徑，並宣告他們的獨立。」[28]有個絕妙的反諷是，赫欽森從當時英國最保守的牛津大學獲得榮譽學位，正是在一七七六年七月四日。得知《宣言》的內容之後，不出幾週，他便出版了回應《宣言》的唯二兩份英國小冊之一：也合該如此，因為《宣言》有些最嚴重的指控，正是以他為目標。[29]赫欽森一定與喬治三世感同身受，國王在一七七六年十月三十一日對英國國會演說，譴責美國殖民地領袖「無所忌憚和鋌而走險」的態度，「自以為可以假稱他們叛亂的邦聯是獨立國家」。[30]

在大西洋西岸，面對《宣言》的挑戰，政府更有效的回應是抑制其聲音而非試圖反駁。《宣言》在一七七六年八月傳到英屬殖民地新斯科細亞省（Nova Scotia）時，英國總督只准許刊印最後一段，以防其餘內容「為他們（叛亂者）贏得許多新信徒，並煽動國王陛下在新斯科細亞省忠誠的子民」。[31]然而，在英國，政府無法公開而正式地回應《宣言》，因為那「等於承認了持續反叛的子民偽稱擁有的平等與獨立……等於承認其他國家有權插手不容任何外國干預的事務」。[32]不過，諾斯勛爵內閣祕密託人撰寫了對《宣言》的反駁，也是上述文字的來源。《美洲大陸會議宣言回覆書》（*Answer to the*

Declaration of the American Congress，一七七六）的作者是約翰・林德（John Lind），這位年輕律師與小冊作者先前即以兩本小冊獲得政府注意，分別為《十三屆國會主要法案評論》（*Remarks on the Principal Acts of the Thirteenth Parliament*，一七七五），和《致普萊斯醫生的三封信，評論他對公民自由本質、政府原理和北美戰爭公正性與政策的觀察》（*Three Letters to Dr Price, Containing Remarks on his Observations on the Nature of Civil Liberty, the Principles of Government, and the Justice and Policy of the War with America*，一七七六）。[33]

《宣言回覆書》有兩個版本在一七七六年出現。英國內閣似乎認為第一個版本說得太過，不論是試圖想像美國人發布《宣言》的可能理由，或自以為是地提供「反宣言大綱」，讓國王發表以反駁美國人的主張。內閣查禁了回覆書的第一個文本——今日只有一份印本尚存——並在全文修改後，在一七七六年分不同版次發行了八千份。[34]修改後的《宣言回覆書》有五百份從倫敦寄至美國，作為給英國部隊的指示，並反駁支持獨立的美國論點。[35]

《宣言回覆書》主要內容是逐項檢視並反駁對國王的指控。林德依然認為美國人民不構成國家，而是背叛不忠的個人，因此主張他們依然是反叛者而非正當的交戰國。任何其他做法，都是對效忠這一觀念的嘲弄，遑論合法性；畢竟，如果殖民地居民獲承認為外國的獨立公民，那麼，還有什麼可以防止像基德船長（Captain Kidd）這樣的海盜藉由宣稱獨立而避免刑事起訴？「他會從有罪的海盜，」林德警告，「成為**獨立**的君主，他也可能發現，他可以『**依照自然法則和上帝的意旨**』，在海洋國家之間取得『**獨立和平等的地位**』。」

最後，林德嘲諷殖民者的偽善，在宣告所有人類生而平等的同時，卻未能放自己的奴隸自由：如果無法被「這些悲慘的人」所享有，那這些權利實在稱不上不可剝奪，也顯然不是天生的。[36]相似的，赫欽森也想「問問馬里蘭、維吉尼亞和南北卡羅來納的代表，如果這些權利絕對不可剝奪，那他們的選民如何合理化十萬多名非洲人被剝奪了自由權，追求幸福權，以及某種程度上的生命權」。英國廢奴主義者湯瑪斯·戴伊（Thomas Day）在一七七六年寫作時的批評更進一步：「如果有什麼東西的本質是真正荒謬的，那就是一名美國愛國者，一手簽署獨立的決議，另一手對心懷恐懼的奴隸揮舞鞭子。」[37]

《宣言回覆書》是對《宣言》第二段所主張的自然權利提出評論的少數當代出版品之一。在歐陸作者中，只有以倫敦金融家為名寫作的法國恩維爾的羅許弗考德公爵

（duc de La Rochefoucauld d'Enville），認為人人生而平等是所有宗教中既定的真理。他看不出在《宣言》更進一步的權利主張中，有什麼可構成對一般主權權利的挑戰。這與他對《宣言》熱情洋溢的評價頗為一致，他認為那是「整個運動，整場戰爭，也或許是整個世紀，最偉大的事件」。[38]在英國與效忠派的回應者中，只有赫欽森處理了權利問題，而即使如此，也只是以簡短而輕蔑的方式；在一七七六年八月號刊登於《蘇格蘭人雜誌》（*The Scots Magazine*）的一封投書中，他將《宣言》中不證自明的真理貶抑為荒唐：「這些仕紳自認擁有胡言亂語的不可剝奪的權利。」[39]兩年後的一七七八年，沒沒無聞的英國諷刺作家約瑟夫・皮爾特（Joseph Peart）將整篇《宣言》，包括對國王的指控，改為韻文，充滿機鋒地嘲諷了美國人的主張：

> 人人生而自由平等，
> 且無疑受到允許，
> 並獲得天意授與，
> （如許多有學養的作者所筆）
> 一些不可剝奪的權利；

其中我們最強調的是
生命，追求幸福，
和（三者中最優者）
不受控的自由之權利。
因為肯定沒人能相信，
但他有生存的某種權利，
而且不受抑制或終止，
只要他覺得應該就一直如此。[40]

林德的《宣言回覆書》中有一篇〈宣言短評〉（Short Review of the Declaration），同樣認定美國人據以主張獨立的原則是同義反覆、多餘累贅、前後不一致而偽善的。「如果他們如今要求的東西，是根據上帝的任何法則所應得的，」評論者如雷鳴般寫道，「他們只需拿出這個法則，所有爭論便可休止。然而，他們反而拿出什麼？他們所謂不證自明的真理……同時，為了確保這些權利，他們同意應該建立政府。他們沒有察覺，或似乎不願察覺，稱之為政府的東西，無一例外，從來不是、也不可能不以這些權利中的某一個為代價」，不管是生命、自由，還是追求幸福的權利。[41]

《宣言回覆書》中對個人自然權利用語的這段攻擊來得很早，對十八世紀晚期的反革命論述有重大貢獻。〈短評〉形成美國與法國革命之間的連結，因為其主要作者不是林德，而是他的朋友，哲學家傑瑞米．邊沁。[42]邊沁先前曾與林德就《十三屆議會主要法案評論》合作過，並針對他所稱的「消極自由」（negative liberty）準備了火力強大（但未出版）的批評，要收入林德的《致普萊斯醫生的三封信》。[43]直到他生命盡頭，邊沁對《宣言》的立論原則始終保持批判。他在一七八九年針對《維吉尼亞權利宣言》、《麻薩諸塞權利宣言》，以及《獨立宣言》本身表達了這樣的不滿：「如此理性的大業，卻立基於這樣的理由之上，不但不能消除異議，反而可能引發異議，誰能不為此惋惜？」近半世紀後，他依然稱《維吉尼亞宣言》為「混淆與荒謬的大雜燴，需要被證明的那件事，始終被視為理所當然」。[44]

邊沁的批評基礎始終一致。賦予法律給自然，並從這類法律衍生出自然權利，不僅是廢話，而是「修辭上的廢話，是踩高蹺的廢話」，這是他回應《獨立宣言》近二十年後，在嚴詞抨擊法國《人權和公民權利宣言》時的用語。[45]正當的權利，只能來自明確可辨的立法者所制定的實在法令。以國家之間的關係而言，唯一的實在法令是主權政體間的協議，這些構成了實在「國際法」（international law）。國際法一詞係由邊沁在一七八〇年所首創，他對《宣言》立論前提的攻擊，可能讓他更清晰地感覺到這個新用語有其必要，用以稱呼日益明顯的一套法律。如果大陸會議被承認為一個正當的行政機構，那麼其《宣言》就可被視為在國際法範疇內的實在法令。然而，要能獲得這樣的承認，《宣言》本身必須被認可是一個實在法令，賦予了大陸會議作為主權實體的國際法律人格。要宣告獨立，除了由一個依照國際法的理解已經獨立的實體來做，還能怎麼做？

這將是一七七六年之後數十年間，《宣言》引發的法律爭議的要點。僅僅一個宣言，無法構成獨立；它只能宣告已經透過其他手段達成的事情。《宣言》因此必須透過宣告這件事的行為本身，實行美國獨立。正如法國哲學家雅克·德希達（Jacques Derrida）在一九七六年的美國獨立紀念日指出：「問題還是一樣。一個國家如何被締造或建立，一個國家如何自我締造或建立？……是誰簽署這許多需要簽署的授權文件？」[46]兩個世紀前，邊沁在他的《政府片論》（*Fragment on Government*，一七七六年四月）問了相似的問題：「簡言之，一場起義在什麼時候可被認定為已經發生，又在何時……可被認定為已獲致足夠成功，進入獨立狀態？」[47]此時他未做論斷，但是他在同年稍晚加入林德對《宣言》的攻擊時，這個問題依然懸而未決。

美國獨立只能以實際軍援及外交與商業往來的形式，透過外部承認完成。依循此理，大陸會議指示其派往巴黎的專員，塞勒斯・迪恩（Silas Deane）、富蘭克林和亞瑟・李（Arthur Lee），「儘快讓法國宮廷公開承認合眾國已脫離大不列顛國王與國會而獨立」。[48]法國宮廷在一七七六年以及後來近一年期間的漫長沉默，讓大陸會議格外憂心。最早抵達巴黎的美國代表迪恩並未收到在一七七六年七月八日寄給他的《宣言》，一起寄出的還有給他的指示，囑咐他「立刻將此文件傳達給法國宮廷，並寄送副本給其他歐洲宮廷。亦可使其翻譯為法文，見諸報刊」。第二次寄出的《宣言》遲至一七七六年十一月才送達，但那時美國獨立的消息已在歐洲其他地方流通了至少三個月。[49]

當時，法語受眾可能已經在《萊登報》讀過《宣言》譯本，或在一七七六年九月十日的巴黎《政治與歷史期刊》（*Political and Historical Journal*）讀到另一個譯本。次年，另外兩個譯本出現在法國外長韋爾熱伯爵（comte de Vergennes）祕密贊助的期刊《英美事務》（*Affairs of England and America*），而後續年間的其他版本，則可在於巴黎出版的兩本美國國務文書集中看到，這兩本文集都與富蘭克林有關，一本是題獻給他的《英國殖民地憲法集》（*Collection of Constitutional Laws of the English Colonies*，一七七八），一本是由他修訂的《美利堅合眾國十三殖民地憲法》（*Constitutions of the*

Thirteen Colonies of the United States of America，一七八三）。[50]然而，雖然拉法葉侯爵與其他人對於《宣言》深為傾慕，在一七八九年前後，法國人對北美十三州憲法遠比對《宣言》本身來得關注。[51]

後來，在美國於沙拉托加（Saratoga）一役中擊敗英國部隊獲得關鍵勝利後，法國宮廷在一七七八年二月與美國締結同盟條約時，一個原因是「為了有效維持合眾國絕對而不受限制的自由、主權與獨立」。[52]當然，這正是大陸會議自始至終的希望，所以才會在一七七六年同時創立了起草《宣言》與《模範條約》的委員會。

法國透過一七七八年的條約實質承認了美國獨立，立即引來英國譴責。英內閣委託帝國史學者與貿易局（Board of Trade）成員愛德華．吉朋（Edward Gibbon）以法文寫成「正當性陳述書」，揭露法國宮廷與「英國殖民地黑暗代理人」結盟是背信忘義，「那些人僭稱獨立，唯一的根據是他們膽大妄為的反叛」。吉朋認為，美法結盟，是有針對性地否定了七年戰爭結束時英法間簽署的和平條款；也在一般層面上違反了萬國法，因為萬國法禁止任何國家為另一正當主權國家領域內的叛亂者提供援助。若不這麼認為，就是在「將虛假而危險的新準則引進歐洲法律體系」，將導致法國與西班牙的美洲殖民地發生更多叛亂。美國人自己也應警惕，他們「以太多不幸與流血為代價的假獨立」，很快將受到外國宮廷的專橫意志所支配。[53]

針對吉朋對美國獨立的嚴肅警告與中傷，英國激進分子約翰・威爾克斯（John Wilkes）反駁：「在慶祝**美國獨立**三週年之後……為什麼他們（假稱的）獨立還需要（公開）宣言？當一個外國君主無法指定收稅官，這個國家的**獨立**已經充分建立。」意思是，昔日的統治者早已失去有效控制，連最低階的行政官員都無權指派。威爾克斯主張，美國獨立的基礎不是美國人的大膽反叛，而是「一七七六年七月四日那重大的日子裡，著名的《獨立宣言》」中所嚴謹陳述的事實。[54]

如果《宣言》的目的是讓反叛的殖民地得以和其他國家締結外交與商業同盟，正如潘恩、理查・亨利・李、各殖民地宣言，以及大陸會議起草委員會所意圖的那樣，那麼，殖民地成為國家、而反叛者取得正當性，是在何時？合眾國在締結法美同盟後，正式進入了國際體系；在那之後，美國獨立的問題才能被當成一個雖有爭議但實在的國際事實對待。

然而，獨立的事實是一回事；《宣言》據以主張獨立的基礎則是另一回事，因為只有實在法案能建構國家地位。如果只是一個宣言並不足夠，要英國承認其獨立又難以想像，那麼，由第三國，例如法國，承認其獨立，是否即為確保正當性所必需？會不會連第三方的承認都不足夠，而要等到宗主國政府承認其獨立才足夠，一如英國直到一七八三年才透過《巴黎和約》*而讓步？[55]

這些關於獨立、國家地位與承認的問題，正是十八世紀晚期形成中的實在國際法的核心，而《宣言》——正如美國獨立本身——在一七八三年以後的歐洲是在這樣的脈絡下被看待。宣言的這些面向，在有關法理承認國家的理論快速演變的爭論中成為焦點。要為合眾國在「世界各國」之間取得平等地位，殖民者需要的不只是這些聯合州因為「自然法則和上帝的意旨」而有權獨立的單薄主張。當代的自然法擁護者如瓦特爾曾主張，國家確實擁有存在、獨立與平等的權利。但是原本沒有這個權利的新國家該如何取得這個權利，要到十八世紀晚期才成為國際法律論爭的中心主題，而這有一部分正是為了回應《獨立宣言》所引發的承認相關議題。[56]

《宣言》在關於國家承認的最早討論中成為顯著的證物。這始於一七八三年的德國法學家與文藝作家馮·史戴克（J. C. W. von Steck）。此前，歐洲公法中關於國家承認

* 譯注：《巴黎和約》（Peace of Paris）是結束美國革命戰爭的一系列條約，由英國分別與美國、法國和西班牙簽訂。英國與美國簽署的是《巴黎條約》（Treaty of Paris）。

的討論，關心的是個人統治者的王朝繼承權利。史戴克的途徑具有原創性，因為他處理的不僅是君主的承認與正當化，也包括一般國家。因此，他的敘述焦點是共和國，如荷蘭的聯省共和國與美利堅合眾國。論及後者，史戴克否認美國獨立在獲得英國正式與實在承認前有任何國際地位。他緊接在《巴黎條約》簽訂後寫作，認為法國在一七七八年承認美國是過早了，缺乏建設性的力量，因為英國並沒有隨之放棄任何權利。[57]

一七八九年，哥丁根（Göttingen）法學教授馮．馬騰斯（G. F. von Martens）進一步推展史戴克的論點，主張「一旦某方正式拒絕順服，而拒絕順服的那一方已擁有其所要求的獨立，爭議即成為獨立國家之間的爭議」。不過有一個重大的但書，即被冒犯的一方，有權將對於新獨立國家的任何援助或救濟，視為戰爭行為：「北美殖民地宣告獨立之後……大不列顛所展現的行為……足以闡明這個主題。」[58]大約五十年後，美國獨立所引發的國家承認問題，在明確進入實證主義階段的現代國際法中，已成為經典級的著名案例。[59]

美國人在獨立戰爭中對英國取得勝利，改變了《宣言》在美國境外的地位。英國於一七八三年透過《巴黎條約》的條款一承認美國獨立，無可爭議地確立了《宣言》在一七七六年充滿爭議的主張：「英王殿下承認美利堅合眾國……為自由、主權和獨立的國家」，這是法律上（de jure）而不再只是事實上的（de facto）獨立。[60]埃德蒙・伯克深知這一事件的重大性：「一場偉大的革命發生了——締造這場革命的，不是任何既有國家的權利切割和改變，而是一個新國家和新物種在地球一塊新世界的出現。這對所有的權力關係、平衡和引力都帶來重大改變，正如一個新行星的出現對太陽系的影響。」[61]《宣言》的立即目的一旦達成，開頭和結尾的段落便為人所遺忘。身為同情美國的外國觀察者，孔多塞侯爵（marquis de Condorcet）在一七八六年指出，在法國，美國「獨立已經受到承認與確保；〔我們的政治人物〕似乎漠然以對」。[62]由於美國獨立如今已是國際政治上公認的事實，無須再去考慮最初主張獨立的那份文件。

英國正式承認美國獨立後不久，歐洲公法研究者便將《宣言》納入現代的實在國際法中。舉例而言，英國政治人物與貿易局成員查爾斯・詹金遜（Charles Jenkinson）不僅將《宣言》收入一七八五年的條約選集，還用它來標誌以西班牙在一六四九年承認荷蘭聯省共和國獨立為開端的國際事務時期中，最晚近的一個時刻：「透過一七八三年在巴黎締結的條約，另一場革命獲得承認與確立，亦即美利堅合眾國的革命。」詹金遜將《宣言》置於西班牙一七七一年關於福克蘭群島的宣言，以及一七七八年的法美條約之間，作為與它們相當的實在國際法文件。[63]馬騰斯的《歐洲現代國家……國際法摘要》（*Summary of the Law of Nations ... of the Modern Nations of Europe*，一七八九）將《宣言》收入，同樣列入的還有《邦聯條例》，歐洲評論者也視這份文件為十三個自由與獨立國家之間所締結的國際協議＊。[64]

新建立的美國共和國第一代律師指出，合眾國在國際法歷史上格外有利的時刻進入了國際體系。舉例而言，當詹姆斯．肯特（James Kent）在一八二六年完成了最早的美國法文摘時，名為《美國法評論集》（*Commentaries on American Law*）的這部書，就是以探討國際法的一章為開端。第一章即開宗明義地主張：「當合眾國不再是大英帝國的一部分，並取得了獨立國家的性質，它們就從屬於依照理性、道德和習慣而在歐洲文明國家之間建立起的公法規則體系。」他承認，關於國際法是否「僅是由實存體制（positive institutions）構成的系統」，或「本質上與自然法相同，只是適用於國家行為」，各方看法分歧。[65]

由於《獨立宣言》的作者致力使這份文件符合十八世紀晚期國際秩序的主流規範，因此它在法學上頗為兼容並蓄。它既不完全屬於自然主義，也不全是實證主義。它的主張一部分植基於自然法，但結論又是關於「獨立國家有權採取的一切行動」的實證陳述。到了十八世紀五〇至七〇年代，經過近兩個世紀的優勢，自然法理論在英國、法國與德國的權威開始式微。[66]因此，源自自然法傳統的個人自然權利的語言，在美國與法國革命的年代變得如此顯著，其實有些諷刺：是在使其合理的哲學基礎式微時，這樣的語言才暫時壓過了政治論述取得霸權，儘管這絕對不是永久的。到了十八世紀末，至少在歐洲，自然權利的想法顯然已是「在政治裡來得太晚的觀念，錯過了它在哲學上還有地位的時期」。[67]

在共和國成立後的前四十年，《宣言》本身的權利主張在美國政治論述中並未扮演要角。最早的州憲法中，有五州提到殖民地已宣告獨立，分別為馬里蘭（一七七六）、北卡羅來納（一七七六）、賓夕法尼亞（一七七六）、喬治亞（一七七七）和南卡羅來納（一七七八），但是只有紐約州憲法（一七七七）在序文中長篇引用《宣言》。這些

---

* 譯注：北美十三州的「州」，原文為 state，亦可理解為邦或國家，在宣告獨立之初，其實是宣告這十三個邦各自獨立，並組成邦聯（confederation），也因此美國的正式名稱才會是美利堅合眾國（United States of America），意指「各國家的聯合」。後來通過憲法後才從邦聯成為聯邦（federation）。

州憲法中，許多都列舉了生命、自由與財產的各種權利，或是以所有人生而平等、獨立的信念為基礎，主張追求幸福與自由的權利，但是它們使用的語言大多引自其他文件，尤其是喬治．梅森的維吉尼亞權利宣言草案。[68]

北美洲第一份仿效《宣言》的文件，確認了國家權利高於個人權利。新罕布夏賜地（New Hampshire Grants）的居民受到合眾國的例子啟發，在一七七七年一月宣告脫離大不列顛以及紐約獨立，組成自己「單獨、自由與獨立的管轄地區或國家」，一開始名為新康乃狄克，但自一七七七年六月起以佛蒙特為人所知。[69]「佛蒙特……有獨立的自然權利，」它的一位捍衛者在一七八〇年主張，「他們已經對世界宣告從此是自由和獨立的國家，按其權利也必須是自由和獨立的國家。」[70]

合眾國拒絕承認獨立的佛蒙特，因為對於承襲了前殖民地疆界和管轄權的地方，這是對它們領土完整性的明顯挑戰。紐約和大陸會議以外的人也對進一步碎片化同感憂心。一七八〇年的新罕布夏城鎮大會指出：「如果每個地區只要有此意圖，便得以自行決定他們不在十三州的管轄內……我們可能很快就有一千個州，全都自由和獨立。」[71]合眾國反對更多地區獨立，並堅持「邊界占有保持」（uti possidetis）的法律原則——這個原則規定，「去殖民後所形成的國家應承襲它們獨立當時的殖民行政邊界」——預示了在後來的世界歷史上，只要有哪裡宣告獨立，幾乎總會碰上對於維持領土完整的堅持。[72]然而，佛蒙特一直與英國和美國保持分離，直到一七九一年成為第一個加入合眾國的獨立共和國。

《獨立宣言》的用語並未出現在聯邦憲法中。事實上，《宣言》本身在制憲會議的辯論中幾乎未被提及；在《聯邦黨人文集》（*Federalist Papers*）中僅被隱約提到一次；在通過憲法前的廣泛辯論中，它也很少被援引。有鑒於《宣言》在美國公共辯論中明顯缺席，也就難怪阿勒克西・德・托克維爾（Alexis de Tocqueville）在其著作《民主在美國》（*Democracy in America*，一八三五－一八四〇）全未提及它了。

在聯邦黨人與傑佛遜派共和黨員間黨派紛爭激烈的那個年代，《宣言》變得像是一份親法反英的危險文件，也是未來對任何既存政府發動革命的許可。它對自然權利以及革命權利的主張，聽來與法國革命的「雅各賓式」*教條可疑地相似。它對英王喬治三世（後來仍統治到一八二〇年）的指控清單讓它帶著明顯反英的意味，即使英國與美國

* 譯注：雅各賓（Jacobin）是法國大革命期間最具影響力的政治黨派，以激進主張和恐怖手段為人所知，短暫統治的約一年時間有「恐怖時期」之稱。

都對法國督政府和後來的拿破崙所造成的威脅採取正式對抗的立場。直到一八一二年戰爭*之後，《宣言》才如七月四日獨立日一樣受到舉國上下跨黨派的熱烈讚揚。《宣言》也正是在這段時期成為國家象徵。這份文件的雕印本和復刻本在一八一七年為了展示於住宅與官方建築中首次印製生產。次年，約翰・特朗布爾（John Trumbull）根據他在一七八六年的草圖，完成了描繪《宣言》簽署場景的畫作，在波士頓展出時吸引大批人潮。一八二三年，約翰・昆西・亞當斯委託華府的英籍印刷商威廉・史東（William J. Stone）以皮紙生產與大字體羊皮紙版《宣言》一模一樣的副本。兩百份精美的副本分送給全美的州議會和學院，以及還在世的簽署者與拉法葉侯爵。[73]

因為重新獲得關注，《宣言》的第二段才開始逐漸成為這份文件在美國的意義核心。一旦獨立已是無可爭議的事實，美國人就不太需要記得《宣言》開頭和結尾的段落關於獨立國家地位的主張。與英國之間恢復和平，而《宣言》主文中那些指控背後的確切事件被淡忘後，剩下來唯一具分量可供尊崇的文字，就是第二段了。

《宣言》最初的動機與其對「世界輿論」的國際訴求，在整份文件受到國家主義式的崇敬後被忽略了。選擇性的關注只針對其抽象主張，而非它作為一份具有國際意涵的文件所代表的意義。

第二段的自然權利主張要到一八二〇年代才「漸漸地完全掩蔽了《宣言》中對革命權利的主張」；在此以前，在美國「引用《宣言》時，通常都取自最後一段」。[74]一八三一年，在美國旅行的匈牙利貴族桑多．波洛尼．法卡什（Sándor Bölöni Farkas）精簡地捕捉了這份文件對美國人的意義：描述美國普遍的《宣言》崇拜時，他指出這份文件毫無歐洲那種君主恩賜和特許的痕跡。反之，「它的語言完全是自然法的語言」。[75]這個評斷與約翰．昆西．亞當斯在一八二一年的看法相呼應，他指出，《宣言》有別於歷史上時間更早的貴族與君主間協議，比如《大憲章》（Magna Carta）：「這可不是倫尼米德†的偉大憲章，作為皇室的賞賜被給予和接受。」[76]

一八二〇年代晚期，合眾國各地的不同團體對國內——偶爾也有國外的——暴君與壓迫者提出反對主張時，開始模仿《宣言》。頗為驚人的事實是，首先以這種

＊ 譯注：一八一二年戰爭（War of 1812）又稱美英戰爭或第二次獨立戰爭，主要起因為英國因英法戰爭而企圖限制美國貿易，皇家海軍強徵美國海員入伍，以及美國欲往北擴張領土。

† 譯注：倫尼米德（Runnimead）位於倫敦近郊泰晤士河畔，一二一五年，英王約翰與封建貴族在這裡訂定《大憲章》，這是英國王室絕對王權受到限制的開端。

方式使用《宣言》的是三名英國人而非美國出生的公民。一八二九年，烏托邦社會主義者羅伯特・歐文（Robert Owen）提出《精神獨立宣言》（Declaration of Mental Independence），要將美國人從私有財產、有組織宗教與婚姻中解放出來。一八三二年七月四日，歐文的追隨者，蘇格蘭女子法蘭西絲・萊特（Frances Wright）在費城主張，若少了對所有勞工的義務教育、自由勞動和退休福利的保障，美國革命就不算完整。同一年，英國出生的記者喬治・亨利・伊凡斯（George Henry Evans）依循相似的精神，提出了《勞工獨立宣言》（The Working Men's Declaration of Independence）。[77]

當一本浸信會期刊在一八三六年八月刊登了脫離「撒旦的冠冕與王國」的獨立宣言，這份宣言又在不到六個月後在〔南非〕開普殖民地重印，《宣言》幾乎真的成了美國聖經。[78]仿佛是為了反制這些宣言所代表的國際流動，一八四五年七月四日，反天主教和反移民的白人團體「本土美國人會議」（Native American Convention）成員，仿照《宣言》發布了一份《原則宣言》（Declaration of Principles），「目的是喚醒同胞察覺在外國入侵與篡奪下已經發生的禍害」。[79]三年後的一八四八年七月十九日，在紐約州塞內卡弗斯（Seneca Falls）舉辦的婦女權利會議（Women's Rights Convention），發布了十九世紀這些早期的《宣言》仿效之作中，最為歷久不衰的一個：伊麗莎白・凱迪・

斯坦頓（Elizabeth Cady Stanton）的《情感宣言》（Declaration of Sentiments），主張「所有男性與女性皆生而平等」，並且向公正的世界宣布「男性對女性接連不斷的傷天害理和強取豪奪的歷史」。[80]

透過這些仿效之作，並因為躋身開國年代紀念物的崇高行列，《宣言》經歷了本土化與美國化，以滿足特定的國家目的。逐漸地，只有支持奴隸制和南方脫離聯邦的人才會堅稱《宣言》的中心訊息是宣布獨立。他們這樣做的重要原因，是為了削弱《宣言》中舉出的權利、反抗與平等所日益增加的文化威望，以免明顯被剝奪了這一切的人——受奴役的人——有一天也來爭取這些東西。[81]為奴隸制宣傳的喬治·菲茲休（George Fitzhugh）便在《全是食人者！》（*Cannibals All!*，一八五七）中寫道，美國革命「與哲學的關係跟它與小牛斷奶的關係差不多。那是一國人民尋求國家獨立的行為，不是空想臆測之哲學家的烏托邦計畫，企圖達到人類平等與完美社會」。[82]日後在南北戰爭期間他又說：「我們《獨立宣言》中關於天賦人權的那些誇大荒唐之語，與那個事件沒什麼關係，就像一篇關於小孩長牙或母貓產仔的布道文或演講文與獨立沒什麼關係一樣。」[83]

亞伯拉罕·林肯努力對抗這類想法，為此在南北戰爭開打前與戰爭期間，一再召喚並為《宣言》注解。他回憶，《宣言》事實上包含兩個訊息，一個是一七七六年的訊息，一個是給未來的訊息。林肯認為，將《宣言》限縮到一七七六年一時的目的，是把它變成一個死的文件，與當下無關。如果它只是國家獨立的宣示，那它的使命早在數十年前即已完成：「那個目標已在大約八十年前實現，《宣言》如今沒有實際用處——只是垃圾——在贏得勝利後被留在戰場上腐爛的一疊舊紙。」相反地，林肯強調在《宣言》的第二段裡，可以找到普世共通而歷久彌新的訊息。「所有榮耀歸於傑佛遜，」他後來在一八五九年寫道，「這名男子在一國人民爭取獨立的真確壓力下，仍保有冷靜、遠見和能力，在一份區區的革命文件中，引介了一個抽象真理，適用於所有人類與所有時代。」[84]

以這個「抽象真理」為準繩來審度內戰前的美國，恐怕很難讓人心安理得。支持廢奴的自由黑人大衛・沃克（David Walker）早在林肯書寫的前二十年就表達了這一點。沃克寫了《給全世界有色公民的呼籲》（*Appeal to the Colored Citizens of the World*，一八二九），在其結尾，他呼籲白種美國人：「看看出自你們《獨立宣言》的語言……再看看殘忍無情的你們和你們的父輩，對我們和我們的父輩所加諸之殘忍與殺害。」[85]同樣一點後來在一八五二年七月五日，由曾是奴隸的弗雷德里克・道格拉斯（Frederick

Douglass）在紐約洛契斯特（Rochester）的聽眾前，以最有力量的方式喚起。在他名為〈七月四日對奴隸而言為何物？〉（What to the Slave is the Fourth of July?）的卓越演說中，道格拉斯告訴多數為白人的聽眾，這神聖的一日是「你們國家獨立和政治自由的誕生日」，而「《獨立宣言》是你們國家命運之鏈的環栓」。他提到一七七六年七月二日的李氏決議，但是沒有進一步說明讓美國走向獨立的那些不平事例。反之，他戲劇化地把矛頭轉向他的聽眾，告訴他們這個節日只屬於他們：「我不包含在這個輝煌的紀念日內！你們高高在上的獨立，只是揭露了我們之間遙不可及的距離……這個七月四日是**你們的**，不是**我的**。**你們**可以歡慶，而**我**必須哀悼。」奴隸制度和國內奴隸交易這無可抹滅的國家汙點，廢奴運動的軟弱無力，以及教會對於延續奴隸制度的默許，在在確立了「世界上沒有一個國家所犯的惡行，比起合眾國人民在這一刻所犯的惡行，更駭人而血腥」。[86]

道格拉斯接著進一步抨擊聽眾的良心，將美國「整個國家的前後矛盾」放在國際與全球脈絡中來看。他控訴，白種美國人不吝譴責俄羅斯或奧地利的暴政，卻不會譴責維吉尼亞或卡羅來納的暴政。他們「為傾覆的匈牙利流淚」，卻不為被錯待的美國奴隸哭泣。他們為法國或愛爾蘭的自由而熱血沸騰，「想到美國受奴役者的自由卻冷若冰山」。美國人那樣擁抱他們的《宣言》，「在世界面前主張，世界也了解他們做此宣告」，亦即他們相信人人生而平等，擁有造物者賦予的若干權利，包括生命、自由與追求幸福的權利，認為這些是不證自明的事情，「然而，你們卻牢牢地……奴役……你們國家**七分之**一的居民」。[87]

也許，當世界感覺比較大，通訊比較緩慢，而國家較為自給自足，一國人民如此明目張膽的偽善還能逃過咎責，道格拉斯說道。但是在一七七六年之後，加上地球日益縮小，他們不再能輕易躲開世人評判的眼光：

> 在我從《獨立宣言》、其中包含的偉大原則，和美國體制的設計精妙獲得鼓舞的同時，我的精神也因這個時代的明顯趨勢而振奮。如今國家之間的關係已不再如許久以前那樣。如今沒有一個國家可以自外於周圍的世界，繼續走在父祖輩的路上而不受干擾……高牆圍繞的城市和帝國已經過時了。貿易的力量卸除了堅固城市的大門，智識穿透了地球最黑暗的角落。它以海面、海下和地上為路徑；風、蒸汽和閃電是它專屬的媒介；海洋不再分隔國家，而是將它們連結起來。從波士頓到倫敦現在只如假日出遊。相較從前，空間距離已被抹滅了。[88]

道格拉斯對於今日所稱的全球化帶著超前時代的理解，以此預告了美國與《獨立宣言》在國際歷史上的新時刻。[89]一七七六年之後已過了七十六年，美國還沒成為完全自由的土地，然而至少它有一個必須努力符合的道德要件，源自其立國文件中的主張。

《宣言》如今已舉世聞名，而世界會依照這份文件的標準評斷美國。貿易與通訊讓世人前所未有地緊密相連；這種連結的一個結果，是政治與宗教語言在全球更高的共通程度。[90]道格拉斯將他從《宣言》獲得的「鼓舞」與牽涉更廣泛的「時代的趨勢」相互連結無疑是正確的，可以藉此消除文化特殊性，使不同國家人民彼此更靠近。然而，事實將很快證明，他對那個年代某個決定性的特徵看走眼了。「高牆圍繞的城市」也許在十九世紀中期開始在世界各地倒下，但是帝國離過時還很遠：事實恰恰相反。一八七六年美國獨立一百週年紀念時，發來賀詞的世界領袖中，有帝俄沙皇亞歷山大二世、德皇威廉一世、奧地利皇帝法蘭茲·約瑟夫二世，以及巴西皇帝佩德羅二世。[91]同年，英國的《王室頭銜法案》（Royal Titles Act）封維多利亞女王為印度女皇。一七七六年的一個世紀之後，帝國非但沒有撤退，反而一往直前，在世界各地都有斬獲。

《獨立宣言》在一七七六年把美國引介進入了一個專屬於國家的世界。同時，它也把美國帶入一個帝國充斥的世界，包括歐亞大陸上疆域遼闊的帝國，以及將其勢力跨越海洋投射出去，遍及整個地球的歐洲海洋帝國。十九世紀前半，許多新的美洲共和國和新興歐洲國家將會加入美國的行列。然而，帝國的世界直到二十世紀後半才會消逝。到了一九七六年美國獨立兩百週年的時候，那個世界幾已完全消失，雖然它的殘響至今仍揮之不去。那個世界緩慢但日益加速的崩解將由一連串獨立宣言所標誌，它們都與《美國獨立宣言》類似，有些以其為範本，而這份文件雖然被美國人視為己有而備加尊崇，卻也隨著時間過去而成為全世界共有之物。

第三章

世界各地的獨立宣言

一七七六年之後的數百年間，以美國革命為第一次爆發的主權傳染病席捲了世界。它的影響在一八四八年以前的幾十年間首先傳播到低地國家，然後是加勒比海地區、西屬美洲、巴爾幹半島、西非和中歐。接著，其感染力進入潛伏期，直到第一次世界大戰之後又在中歐與東亞出現。下一次的大範圍流行在第二次世界大戰後於亞洲和非洲竄起。一九八九年之後在波羅的海、巴爾幹半島和東歐的爆發，以蘇聯、南斯拉夫與捷克斯洛伐克在一九九〇至一九九三年間的解體為最高潮。

獨立宣言是主權傳染病的一個主要症狀。這些宣言也是診斷書，因為它們往往以國家主權的語言定義這個流行病的性質。作為宣告新國家出現的文件——或如在某些情況中是舊政體的重新出現——它們標誌著從帝國內的從屬地位到與其他國家並列的獨立地位的轉變。[1]

自一七七六年以來，已有超過一百個這類文件以區域或國家團體之名發布；還有更多地方性的宣言出現，如一八二〇年代的中美洲，一九一一年辛亥革命後的中國，以及一九一八至一九年的朝鮮，標誌著次國家（substate）實體的追求。[2]這些宣言中有些明言要追求還未到來的獨立，但多數標示著既成事實。許多一如美國的《獨立宣言》，列舉委屈不平，為獨立的主張提供理由；然而，包含與《美國獨立宣言》第二段類似的個人權利宣言的，則相對很少。透過這種方式，它們確立了美國《宣言》對世界的主要訊息：那是國家在其他國家之間的權利聲明，不是個人相對於統治者的權利清單。

整體而言，十八世紀晚期以降在全球各地發布的獨立宣言，標示著世界歷史的重大轉變：在這個年代，一個屬於國家的世界從屬於帝國的世界興起了。如今，地球上每一片土地都有國家管轄，只有南極洲這個重大的例外。其他例外的情況——例如關塔那摩灣——則是由國家創造的例外。[3]至少潛在而言，國家也管轄地球上的所有居民：當一個沒有國家的人，就是在不友善的世界裡流浪，尋找某個國家的保護。地球全面被國家所覆蓋，是全球化最被忽視的效應之一。許多批評者視全球化為國家主權最主要的溶劑。然而，全球化也是國家在世界各地最大的推進劑。過去兩個多世紀以來，國家與本土的政治組織形式和情感認同融合，創造出如今覆蓋所有人居世界的國家系統。

屬於國家的世界主要由過去兩個世紀所創造，尤其是過去五十年。[4]它結合了兩大發展：較小政體或領域合併為國家，以及帝國分解為國家。結果是自中世紀晚期以來，政體數量縮小而後擴張的顯著模式。在某些區域，可以辨識出文化融合與政治集權化的長期模式。以東南亞為例，「一三四〇到一八二〇年之間，大約二十三個獨立……王國縮減為三個」。[5]相似的模式在歐洲亦明顯可見，個別政體從十四世紀的大約一千個，減少為十六世紀初的少於五百個，再到法國大革命前夕的大約三百五十個，包括神聖羅馬帝國那些領土微小的公侯國。[6]

到了一九〇〇年，以最寬鬆的方式計算，歐洲只剩下二十五個民族國家。一九四五年，來自世界各個角落的五十個國家在舊金山會議齊聚一堂，創立聯合國，雖然有些國家——比如印度、菲律賓、白俄羅斯和烏克蘭——在官方上仍是某個帝國或跨國邦聯的一部分。[7]一九五〇到一九九三年間，超過一百個新國家透過脫離、去殖民或解體而創造出來。截至二〇〇六年七月四日，地球上絕大部分土地與人口由一百九十二個國家所分占。它們由一個名為聯合國（United Nations）*的世界機構所代表，然而這個名稱並不貼切：[8]說「不貼切」，並非因為聯合國顯然一點都不團結，而是因為其成員正式而言都是國家（state）而非民族（nation），若論民族，全球的民族可能有數百、甚至數千個。[9]嚴格來說，聯合國應該名為United States†，但是這個名字已經在一七七六年七月，由另一群頗為不同的政治行動者的代表捷足先登了。

國家構成帝國，而帝國又消融為國家。帝國是政治與經濟干預的結構，將組成分子依照階級排序而組織。[10]因此帝國代表的是藉由國家地位所要脫離的主要境況。[11]國家地位所隱指的意涵是，內部事務不會受到外部干預，以及與其他國家間享有平等的正式關係。不可侵犯性與平等是外部主權（external sovereignty）這一概念的核心。只有當所有國家互相尊重這些條件，任一國家才能安全保有獨立。正是因為這個很基本的原因，「主權有感染力：一旦有某個社群成為國家，鄰近的社群也會以類似方法回應」。[12]

自一七七六年以來，歷史上有四個宣告獨立的特定時刻，全都與帝國的崩解重疊：十九世紀前半，第一次和第二次世界大戰後緊接而來的餘波，以及一九九〇至一九九三年。從一七九〇到一八四八年的第一個時刻，與所謂的革命年代（Age of Revolutions）——美國、法國、海地與歐洲都發生革命——重疊，範圍涵蓋美洲新世界以及歐洲舊世界。這段時期或可稱為「第一次歐亞大陸權利時刻」，當時，關於集體和個人權利的概念，首度驅動了世界各地追求獨立、自治和解放的運動。在美國革命的餘波中，孔多塞

＊ 譯注：聯合國英文名稱中的 united 一字，在英文裡有聯合也有團結之意，而 nation 一字在英文中有國家亦有民族之意。

† 譯注：United States 才真正是「聯合國」之意，不過，這個名字已經用於美國的正式全名美利堅合眾國（United States of America）。這個名字意指美洲各國家的聯合，現在譯為「州」的state，其實指的是這個合眾國內的各個獨立國家（或「邦」），這些獨立國家組成了邦聯，因此是「合眾國」。

侯爵描述：「透過從涅瓦河畔到瓜達幾維河畔自由流通的著作，人的權利受到高貴的支持和闡述，毫無限制和保留。」[13]時至十九世紀初期，這類著述已從阿帕拉契山脈傳播到巴爾幹半島、孟加拉，和更遠的地方。

對於歐亞大陸權利時刻的締造，美國革命文件的貢獻，沒有法國大革命的權利文件和英國自由主義傳統來得重要。舉例而言，十八世紀晚期的希臘共和主義愛國者里加斯．維勒斯廷利斯（Rhigas Velestinlis），呼籲人民起義反抗鄂圖曼帝國的暴政時，使用的是法國革命的語言，談的是主權國家人民和他們的個人權利。里加斯在一七九八年成為希臘獨立運動的第一個烈士，死前不久，他寫了一份革命宣告、一份權利宣言，和未來希臘共和國的憲法。[14]這些文件預示了希臘國民大會於一八二二年一月發布的獨立宣言中關於權利的主張。[15]大約同時，孟加拉改革者拉莫罕．羅伊（Rammohan Roy）嚴詞抨擊東印度公司的專制暴政，並捍衛印度人的歷史權利，有部分也是受到美國與法國革命的啟發。[16]

美國以外的第一波獨立宣言——比如在海地、西屬美洲、希臘、匈牙利與賴比瑞亞——都保留明確可辨的美國元素。如孔多塞侯爵在一七八六年所說：「人的權利寫在哲人的書中與賢人的心中並不足夠；無知和軟弱的人必須能從偉大民族的範例中讀到這些權利。美國給了我們這個範例。宣告美國獨立的法案，是對這些神聖而久被遺忘的權利，簡單而崇高的陳述。」[17]也許因為美國革命在這個年代仍是鮮明的記憶，這段時期所發布的獨立宣言，比起後來的一些時刻，比如二十世紀的獨立宣言，展現出較多仿效自美國的範例之處。

宣布獨立的第二個重大時刻發生在第一次世界大戰之後，隨著鄂圖曼、羅曼諾夫和哈布斯堡王朝的廣袤陸上帝國崩解，以及從巴爾幹半島到朝鮮各地湧現的民族自決呼聲而來。[18]在這個時刻，關於個人權利的敘述，讓位給爭取國家和民族權利的運動。「在任何地方都不存在可以把民族像財產一樣從一個統治者換到另一個統治者手上的權利」，美國總統伍德羅・威爾遜（Woodrow Wilson）在一九一七年一月對美國參議院表示。[19]也許在第一次世界大戰後的歐洲部分地區真有這樣的情形，但是對於歐洲和美洲以外被殖民的世界，這樣的情形不會持續下去。

十九世紀歐洲民族主義的高潮，與歐洲帝國在歐亞大陸和世界各地的擴張與增加重疊。隨著帝國主義而來的是階級式種族主義，堅決地抗拒人人平等以及生命、自由與追求幸福之普世權利的主張。英國外相亞瑟・貝爾福（Arthur Balfour）在一九一九年凡爾賽會議上辯論種族平等條款時的發言，就代表了這種傾向：「取自《獨立宣言》的主張，亦即人人生而平等……是十八世紀的主張，而他不認為那是正確的。他認為那在特定意義上是真的，亦即某個民族的所有人皆生而平等，但並不是指一個中非人與一個歐洲人生而平等。」[20]在這類對個人權利主張的懷疑推波助瀾下，這段時期的獨立宣言普遍都避開了這類主張，除非是特意要爭取美國支持，如捷克斯洛伐克一九一八年的獨立宣言。[21]

宣告獨立的第三個重大時刻，從第二次世界大戰結束後，一直持續到去殖民化在一九七五年的高峰。一九四一年的《大西洋憲章》（Atlantic Charter，措辭方式明顯是為了排除反帝國的自決主張）、[22]《世界人權宣言》（Universal Declaration of Human Rights，一九四八）、《歐洲人權公約》（European Convention on Human Rights，一九五〇），以及較晚期的文件如聯合國《給予殖民地國家和人民獨立宣言》（Declaration on the Granting of Independence to Colonial Countries and Peoples，一九六〇），都讓這段時期成為世界歷史上第一個真正的全球權利時刻——並且仍在持續中。[23]在這段時期，大約七十個新國家從英國、法國與葡萄牙海外帝國的殘骸中誕生，多數在非洲和亞洲。獨立宣言成為以消滅帝國為目的的獨立手段之一。

來自這第三個時刻的大多數宣言所標誌的，是它們所根源自的解放鬥爭之終結而非開端。這時的獨立運動領袖有更多前例供選擇，很少直接提到《美國獨立宣言》，而是經常從當代的反殖民鬥爭汲取靈感。只舉這段時期的一個例子即可：東帝汶在一九七五年十一月二十八日宣告脫離葡萄牙殖民統治獨立，就是直接受到同月稍早安哥拉人民解放運動在安哥拉魯安達市宣告脫離葡萄牙獨立所啟發（一九七五年十一月十一日）。[24]宣言傳播的迴路不再只源自歐洲以及美洲的新歐洲殖民地，政治範例也透過其他的海外帝國（即使它們正在崩解碎裂）傳遞。

第四個和最晚近的宣告獨立時刻，也是世界歷史上宣告獨立最密集的時刻。一九九〇至一九九三年間，三十多個國家宣告獨立或重獲獨立。除了厄利垂亞，它們全都源自蘇聯崩潰，南斯拉夫聯邦解體，或是捷克斯洛伐克成為捷克與斯洛伐克兩個共和國的和平分裂。[25]以一年平均十個國家宣告獨立而言，這個時期比一八一〇和一八二〇年代還具爆炸性，當時，西班牙美洲殖民地在拿破崙攻擊伊比利半島的遠距衝擊下解體而碎片化。要再看到獨立宣言像十九世紀初和二十世紀末這樣爆發式的湧現，似乎不太可能。

在我寫這本書時，還有少數宣言等待獲得承認：比如科索沃（一九九一）和索馬利蘭（一九九一）的獨立宣言，這兩地分別代表不同形式的未竟之事，一個牽涉到巴爾幹半島的聯邦解體，一個與非洲之角的去殖民化有關。[26]相似地，若臺灣宣告獨立，一個顯然無解的困局就會成為棘手的衝突，因為中國堅決反對它仍視為中華人民共和國一省的臺灣脫離它而獨立。不過，此刻，主權這個傳染病普遍而言似乎處於一段緩解期。

《美國獨立宣言》是史上首先將外部主權（「有權……採取獨立國家有權採取的一切行動」）等同於獨立的宣言：事實證明，這個等式的影響力將與宣言這個形式本身同樣歷久不衰。美國革命也是在瓦特爾對獨立的構念成為外部主權*的試金石後，第一場成功脫離宗主國的反叛。美國人的獨立主張最後獲得成功，鼓舞了其他人跟隨他們的榜樣，不只是藉由取得國家地位脫離帝國，也是以宣告獨立為主權的標誌。歐洲和其他地方最早仿效《宣言》的文件，取用了《宣言》開頭和結尾的句子為範本，一方面卻忽略第二段中不證自明的真理，這也成為後來多數文件的模式。

北美洲以外第一個仿效《宣言》的文件，正是以這種方式從其開篇和結尾的段落汲取靈感。由法蘭德斯代表會議（Flemish Estates）在一七九〇年發布的《法蘭德斯省宣言》（Manifesto of the Province of Flanders），詳述了對奧地利皇帝約瑟夫二世君主統治的不滿。《法蘭德斯宣言》絕大部分處理的是對傳統權利的歷史主張，與兩個世紀前《荷蘭誓絕法案》主要內文的主張極為相似。宣言作者認為，奧地利王朝對這些權利的攻擊，加上皇帝未能傾聽他子民的請願，讓法蘭德斯人回到了自然狀態，擁有他們天生的自由與獨立權。[27]

同年，以法文出版的一部美國革命史以及附錄的各州憲法與《獨立宣言》譯本，出現在根特（Ghent）。[28]《宣言》的法文版將結尾段落中的主張還原到瓦特爾的語言，而當初就是他的著作啟發了《宣言》。[29]法蘭德斯的反叛者就是從這個版本的《宣言》汲取了他們最終的宣告：「在知曉我們意圖之正當的全世界最崇高的正義前，我們以這個省分的人民的名義，鄭重宣布，這個省分從此是自由和獨立的國家，並且按其權利也必須是自由和獨立的國家；它們取消一切對皇帝約瑟夫二世效忠的義務。」[30]法蘭德斯的宣言因此結合了較早的政治抗議文類的結構，以及美國《宣言》將國家地位等同於獨立的獨特主張。對《宣言》的這類統合式理解也在一七九八年出現，當時，《宣言》與法國的《人權宣言》和一七九五年憲法，以及由法國在倫巴迪（Lombardy）與羅馬涅（Romagna）建立的奇薩爾皮納共和國（Cisalpine Republic）和在熱那亞（Genoa）建立

＊譯注：外部主權（external sovereignty）指國與國的關係中，一個國家不受其他國家的干預，享有獨立、自由、平等的國際地位。

的利古里亞共和國（Ligurian Republic）的一七九七年憲法並陳。這些文字以英文、德文、法文與義大利文，出現在四個平行欄位中，似乎是為了將《宣言》盡可能提供給最多的歐洲受眾。[31]

《美國獨立宣言》也為十九世紀前半席捲跨大西洋世界的第一波獨立宣言大潮，提供了主要的典範。在美洲，一七七六年之後的第一個獨立宣言，是一八〇四年一月一日的《海地獨立宣言》，在幾乎都仿效美國範例的這一波宣言之中，海地的宣言是一個例外。海地的獨立文件宣告了第一個獨立黑人共和國的存在，確立了西半球最成功的奴隸起義。宣言的第一版草稿由「傑佛遜著作的仰慕者」所撰寫，以《美國獨立宣言》為範本。然而，有些人覺得這個版本缺乏熱情，無法滿足激勵人心的目的。《海地獨立宣言》修改版本的作者，自由黑人路易．布瓦隆德－托內爾（Louis Boisrond-Tonnerre）寫道：「要擬定獨立法案，我們需要白人的皮膚當皮紙，他的顱骨為墨水池，他的血液為墨水，還需要一支刺刀為筆！」[32]

一八〇三年十二月三十一日，布瓦隆德－托內爾徹夜寫出一份新的宣言，以海地人民為對象，在文中他宣告：「必須獨立地活著，或死去。不獨立，毋寧死！」《美國獨立宣言》即使在脫離英國時，仍提到「英國的弟兄」，海地宣言則與之迥然相異，宣告海地居民與長久以來剝奪他們自由的法國人毫無親緣關係：「我們與那個滿腦血腥的民族有何共同之處？」海地人民勇於將自己從枷鎖中解放出來，將他們的島嶼變成自由的土地：那麼，寧可為了保護這份自由而死，也不要再度身為奴隸地活著：「誓言你們將自由而獨立地活著，寧可死亡，也不接受再度將你們置於枷鎖之下的任何事情。」[33]

《海地獨立宣言》以本土受眾而非公正的世界為對象，在太子港（Port-au-Prince）北邊哥奈夫（Gonaïves）的人群面前，於一八〇四年一月一日早晨宣讀。在法國、西班牙與英國部隊同一陣線的反對下，海地人在世界各國之間沒有明顯的支持來源；他們也並未透過這個宣言自稱加入那個高不可攀的國家團體。反之，他們堅定而明確地主張終結奴隸制度，因此威脅到仍保有奴隸制的國家如美國的穩定。他們申明斬斷與法國的所有連結，不論是政治上或情感上的，同時明言他們已打倒奴隸制獲得勝利。在這個脈絡中，自由與獨立不僅僅是隱喻或國際法的抽象準則：它們是驅動行為的理想和艱辛贏得的獎賞。

海地的例子將很快顯示，擁有獨立宣言的這一共通點，並不保證新國家之間會關係親近。美洲的第一個共和國——美利堅合眾國——並不急著承認第二個共和國，海地。由《獨立宣言》主要作者傑佛遜擔任總統的美國，拒絕正式承認海地，以免在美洲大陸引發更多奴隸起義。[34]一直到一八六二年，林肯才代表美國承認海地，比法國在一八二五年承認海地獨立，晚了近四十年。[35]美國對海地獨立勉為其難的承認，預示了後來的事件，比如菲律賓在一八九八年宣告獨立時，美國的國內利益考量，便壓過了在西半球與其他地方複製並增殖獨立主權國家的想望。[36]

最終，美國對於十九世紀前幾十年主權國家在中南美洲的擴散較為樂見其成，雖然它曾嘗試保持超然，不要捲入外國事務。[37]傑佛遜本人早在一七八六年便開始煽動對伊比利半島的葡、西帝國的反抗，曾與化名文戴克（Vendek）的巴西醫學生荷賽·瓦金·麥亞·巴爾巴略（José Joaquim Maia e Barbalho）在尼母（Nîmes）祕密會面。文戴克後來將《美國獨立宣言》帶回巴西。[38]《宣言》似乎到一八二一年才翻譯為葡萄牙文，此前一年，殖民母邦葡萄牙實質上已經脫離巴西獨立。*[39]當巴西本身在一八二二年獨立時，是由移居當地的葡萄牙王儲佩德羅一世口頭宣告，並且沒有絲毫證據顯示是受到《美國獨立宣言》的影響。[40]

為了防止反帝國主義宣傳的散播，西屬美洲官員曾禁止《美國獨立宣言》和美國革命的其他文件流通。[41]然而，《宣言》依然在中南美洲受到廣泛傳布和翻譯。一八〇二至〇三年，新英格蘭居民理查·克里夫蘭（Richard Cleveland）和威廉·謝勒（William

Shaler）將《宣言》與美國憲法的譯本分發給智利的克里奧爾人[†]和墨西哥的印第安人，藉此「更有效推動初萌芽的」解放大業。一八一一年，哥倫比亞人米格爾・德・龐波（Miguel de Pombo）將《宣言》放在美國憲法的譯本前為序。同年，委內瑞拉流亡者曼紐爾・賈西亞・德・塞納（Manuel García de Sena）翻譯了《宣言》、美國憲法，以及潘恩《常識》一書與其他作品的選文。十年後，西班牙一八一二年憲法在一八二〇年恢復後，流亡至費城的厄瓜多人比森提・羅卡富埃特（Vicente Rocafuerte）為了他的同胞和其他西屬美洲人，也翻譯了潘恩的著作以及重要的美國政治文件，包括他稱為「真正的政治戒約」的《宣言》。[42]

一八一〇和一八二〇年代在西屬美洲掀起的第一波獨立宣言大潮，受到美國《宣言》的影響很深，這正是熱切傳播美國的例子的推廣者所期望看到的。[43]從法國在一八

＊ 譯注：葡萄牙王室在拿破崙占領葡萄牙後流亡至巴西，葡萄牙殖民帝國的實質首都當時在巴西的里約熱內盧。

† 譯注：克里奧爾人（creole）一般指歐洲白種人在殖民地的後裔，此處指出生在智利的西班牙人或其後裔，也稱為本土白人。

〇八年入侵伊比利半島到西班牙國王在一八一四年復位的這段期間，西班牙在新世界建立的殖民地王國發生一連串爭取自治的運動。隨著波旁王朝在西班牙垮臺，西屬美洲居民也主張主權應回歸到美洲的各個王國。從一八一〇到一八一四年之間，他們得以選出前往西班牙國會的代表，也被納入主權受到一八一二年卡迪斯憲法保護的國家內，但是這部憲法在國王裴迪南七世（Ferdinand VII）重回西班牙王位後即遭廢止。那些年間，多數西屬美洲人「領袖要求的是**平等**而非**獨立**：他們追求的是**地方自治**（home rule）而非**脫離**西班牙王權」。[44]

這些年間，西屬美洲人追求自治而非獨立的一個重大例外是委內瑞拉，這是所有西班牙都督區（captaincy-general）中，地理上最接近加勒比海與歐洲的一個，因此也最立即地受到大西洋通訊路線沿線的政治發展影響。委內瑞拉國民大會（General Congress of Venezuela）在一八一一年三月集會時，成員誓言維護母國與國王裴迪南的權利。然而，短短幾週之後，在公眾壓力和激進議員的運作下，國會在一八一一年七月五日就獨立宣言進行討論。兩天後，國會批准了法案，並且在一八一一年巴士底日*伴隨以法國為靈感的三色旗一起發布。[45]

《委內瑞拉獨立宣言》受到美國前例的影響，遠多於法國的任何例子。它陳述了一八〇八年以來西班牙王室政體失序「真實而廣為人知的事實」，以此主張由於西班牙拒絕讓委內瑞拉〔在政治上〕獲得充分代表，對委內瑞拉宣戰，還以其他方式輕蔑該國，西班牙官方因此已經破壞了雙方關係的契約基礎。委內瑞拉如今可以恢復自由與獨立，「在世界各國間取得至高者與自然賦予我們的平等地位」。國會代表「向全世界鄭重宣告，從今天起，委內瑞拉聯合省分根據其法案與權利，理所應當地成為自由、主權而獨立的國家」，有權力「採取和其他自由獨立國家一樣的一切行動」。[46]

相似的字句和想法，也可以在卡塔赫納（Cartagena）執政團發布的獨立宣言中找到，卡塔赫納在一八一一年十一月正式脫離西班牙王權統治，也實質上脫離了新格瑞納達聯合省（United Provinces of New Granada）。[47]後來的拉丁美洲獨立宣言都將保留對主權的伸張，但是沒有長篇大論地列舉不平事例——這個正當化的工作往往留給與宣言同時或之後發表的宣告——也沒有為反叛或脫離提供抽象理由。拉普拉塔聯合省（United Provinces of the Rio de la Plata，阿根廷）即透過這種方式，以擷取自《美國獨

＊譯注：巴士底日（Bastille Day）也可說是法國國慶日，訂於每年七月十四日，紀念巴黎人民在一七八九年的這一天攻克封建統治象徵的巴士底獄，法國大革命就此展開。

立宣言》的語言，確立他們的正當意圖，並以他們的生命、財產和名譽為承諾，在一八一六年七月宣告成為「獨立於裴迪南七世的自由國家」。[48] 十八個月後的一八一八年一月，智利簡短的獨立宣告也相似地言明了「智利的陸上領域與其鄰近島嶼，在事實上並依照其權利，組成一個自由、獨立的主權國家」。[49] 這些西屬美洲的獨立文件採用《美國獨立宣言》的語言，並在結構加上自己的終段，建立了源自美國範例的獨立宣言文類。

西屬美洲各個市政議會、區域執政團、城市、省分與王國在一八一〇年代晚期和一八二〇年代發布的許多獨立宣言，多數汲取自西班牙對主權的了解，即主權存在於特定村落（pueblo）的自治，而非特定的民族或國家。[50] 這一點在中美洲特別明顯，記錄該區域獨立運動的第一位史學家在一八三二年嘆道：「〔瓜地馬拉〕那些魯莽衝動的人建立了無政府主義的教條，即村落一旦脫離西班牙獨立後，就恢復了天生的自由，得以在新秩序下照他們喜歡組成新的社會。」[51] 然而，這些村落在決定獨立的過程中究竟有多自由和獨立並不總是那麼明確：秘魯的獨立宣言（一八二一年七月十五日）在利馬（Lima）看似獲得壓倒性的支持，有三千五百多人簽署，但是這已經被可信地歸因於暴力、恐懼和自我利益，而非出於對脫離西班牙王權自我治理的任何熱情。[52]

隨著墨西哥帝國解體，以及東歐的革命之春到來，《美國獨立宣言》在一八三〇和一八四〇年代為北美洲、非洲與東歐的其他獨立宣言提供了通用的範例。舉例而言，《德克薩斯獨立宣言》（一八三六年三月二日）聲言有必要「斷絕我們與墨西哥人的政治關係，在世界各國之間取得獨立地位」，成為「自由、主權而獨立的共和國」。[53]這個宣言在二十世紀之前幾乎是獨一無二的，因為它標誌了一地人民成功脫離已經宣告獨立的另一地人民；墨西哥透過一連串文件，以及最後的《〔墨西哥〕帝國獨立法案》（Act of Independence of the [Mexican] Empire，一八二一年九月二十八日），在更早以前即宣告〔脫離西班牙殖民統治〕獨立。[54]一八三六年十一月七日，上加利福尼亞（Alta California）也發表脫離墨西哥獨立的宣言，要求這片領土被視為「自由主權國家」，但是與德克薩斯不同，加利福尼亞並未立即成功建立不受墨西哥帝國管轄的主權。[55]

二十世紀以前的獨立宣言中，《賴比瑞亞獨立宣言》（一八四七年七月二十六日）獨樹一格，只有它明文承認「若干不可剝奪的權利；包括生命、自由，以及取得、擁有、享用並捍衛財產的權利」。這是非洲的第一部獨立宣言，為維吉尼亞出生的非裔美國記者與政治人物希拉里．提格（Hilary Teague）執筆所寫，開頭即宣告賴比瑞亞共和國為「一自由、主權而獨立的國家」。[56]

評論者經常否認《賴比瑞亞獨立宣言》受到《美國獨立宣言》的任何影響，理由是它沒有提出革命的權利，只是確立了賴比瑞亞既有的主權。[57]然而，賴比瑞亞的文件確實在結構上與《美國獨立宣言》相仿，列出了迫使賴比瑞亞最早的移民者離開美國的不平事例。接著，文件說明美國殖民協會（American Colonization Society）——最早推廣殖民賴比瑞亞的組織——已經逐漸放寬監督，讓賴比瑞亞的居民自我治理。宣言以「文明世界的公正考慮」為訴求對象。最後，為符合十九世紀中期的國際法常規，賴比瑞亞人以他們的文件「向基督教國家呼籲……給予我們文明和獨立國家間和睦交往的禮遇」。[58]自一七七六年以來，世界情況與主流常規也許改變了，但賴比瑞亞的宣言源自美國宣言之處無可置疑。

這段時期另一個相似的例子是萊奧許．科修特（Lajos Kossuth）的《匈牙利獨立宣言》（一八四九年四月十四日），「這份文件由匈牙利的律師－政治人物為匈牙利的律師－政治人物而寫」，聲明匈牙利「位居獨立歐洲國家地位……不可剝奪的自然權利」，以及它與外西凡尼亞（Transylvania）共同「構成一個自由獨立主權國家」的事實。這份文件可能是有史以來曾發布最長的獨立宣言。文中一大部分用於敘述匈牙利在三百年的歷史中如何受到哈布斯堡王朝的一連串壓迫，既沒有明確列舉權利，也沒有陳述為何要革命的抽象原則。然而，這份宣言公開呼籲其他歐洲國家承認匈牙利，而無疑是為了這個目的，匈牙利政府委託翻譯了這份文件並廣為散播。[59]宣言的主要作者科修特，一直是——此後也是如此——美國與其革命的熱烈仰慕者。[60]他宣告獨立的文件以模仿為讚美，表現了他的仰慕之情，雖然這份宣言少了美國原作的簡明扼要或彈性空間。

彷彿是為了要確立獨立與主權之間的等式，也是在這個時刻，紐西蘭北島的毛利聯合部落於一八三五年十月二十八日簽署了《紐西蘭獨立宣言》。[61]這份文件承認毛利族的領土主權與土地所有權，卻只是為了讓英國人比法國人搶先一步把手伸入島嶼。英國駐紐西蘭公使詹姆斯·巴士比（James Busby）對這個操作狡猾的說明是：「我已宣告紐西蘭獨立：——意思是，我個人身為具主權的酋長之獨立」，因為「確立紐西蘭在英國政府保護下的獨立，是讓這個國家除了在名義上以外，在各方面成為大英帝國附庸國最有效的模式」。[62]但是紐西蘭宣告獨立還不到十年，土地在一八三五年被賣給巴士比的毛利人霍內·赫克（Hone Heke）就起而反抗帝國，在一八四四年七月四日過後幾天攻擊了象徵帝國主權的英國旗竿。據說赫克對英國和美國歷史都有所了解，而啟發他行動的因素之一可能是將近七十年前的美國獨立。[63]美國例子的影響顯然是個兩面刃。

十九世紀期間，這個例子在大英帝國其餘角落的白人移居者殖民地流傳，促成一八三〇年代晚期在加拿大和一八五〇年代在澳洲維多利亞州的起義，以及一八八七年對澳洲獨立的超前呼籲。舉例而言，一八三七年的上加拿大起義期間，蘇格蘭記者與政治人物威廉·萊昂·麥肯齊（William Lyon Mackenzie）在他發行的多倫多《憲法報》（*The Constitution*）中重印《美國獨立宣言》，並協助起草了《多倫多市維新者宣言》（Declaration of the Reformers of the City of Toronto），將革命後的美國享有的優勢，與往北逃到新邊界另一側的保皇派人士的困境對比來看，並對英國國王威廉四世提出控訴，以美國《宣言》的清單為範本，舉出一連串不平事例，最後再把《宣言》的倒數第二段換句話說（「我們不是沒有顧念我們英國的弟兄……但是他們對於正義和血緣的呼聲，也同樣充耳不聞。」）[64]。

《宣言》似乎過了比較長的時間，才在澳洲獲得正面接受。舉例而言，雪梨律師與原住民權利評論者理查·溫德耶（Richard Windeyer）在一八四四年的演講中，提到了「宣告美國獨立的高貴宣言」所舉出的個人權利，他這樣做，是為了表示這些權利如此不證自明，針對它們的討論「在一個純為英國人的社群裡永無必要，因為，剝奪這裡任何種族或膚色的兄弟實際享受這些權利的可能性，是他們想都不會想的」。[65]十年後，不滿的維多利亞州金礦工人對於自己的權利倒是沒那麼有信心。一八五四年十二月，一群礦工因為殖民政府開徵採礦牌照費以及其他不滿而暴動，於巴拉雷特（Ballarat）建造了尤利卡寨柵（Eureka Stockade），以抵禦前來鎮壓他們的部隊。他們在柵欄上方立起飾以南十字星的藍白色新旗幟，而根據某些消息，在一八五四年十二月一日，其中一名礦工還朗讀了一篇「獨立宣言」。這份宣言並未留存下來。儘管如此，當卡爾・馬克思讀到尤利卡寨柵被包圍的新聞時，他看到與《美國獨立宣言》間可類比之處。金礦工人起事是為了「取得對稅務和立法的控制權，」他寫道，「此處的動機，本質上與導致《美國獨立宣言》的動機相似，只不過在澳洲是工人發起衝突，對抗與殖民官僚勾結的壟斷者。」[66]

澳洲從未發布正式脫離大英帝國的獨立宣言。一八八七年，英國維多利亞女王銀禧紀念時，女性主義者暨共和派記者路易莎・勞森（Louisa Lawson）對王權體制的慶祝表達了不以為然，在那年七月四日刊出的社論呼籲，應該有一份澳洲的獨立宣言：「如果這種〔對王權的〕狂熱會在我們的殖民地盛行，那該是理性而有自尊的人發出聲音，要求分離與獨立的時候了。」[67]澳洲聯邦（Australian Federation）的創建者在一八九一年首度集會時並未訴諸美國的《宣言》，倒是以美國憲法為制定澳洲憲法時可能的典範。[68]澳洲人對於一九〇一年組成聯邦後仍持續依賴英國的不滿，加上許多澳洲早期政治家對美國的仰慕，不難想像可能讓澳洲走向宣告獨立，但是他們始終沒有。[69]一如加拿大，澳洲最後將透過一九三一年的《西敏法令》（Statute of Westminster）從英國獲得獨立的立法權。因此，從這層意義上而言，是帝國國會宣告了領地的獨立，但是帝國不會容許進一步的分離主義挑戰，例如西澳大利亞在一九三四至三五年間脫離澳洲聯邦的嘗試。[70]

更能透露《宣言》在十九世紀後半的影響力的，是南方邦聯各州的獨立宣言。這些宣言對於一七七六年《宣言》中對主權國家地位的主張，採取高度依照字面的解讀。舉例而言，《南卡羅來納脫離聯邦宣言》（一八六〇年十二月二十日）挪用了《宣言》的語言與結構，為該州簡短多了的脫離聯邦法令提供理據。其宣言中回顧了美國在一七六五至一七七六年間的紛擾，據此主張是十三個個別的州同意了《獨立宣言》，接著在一七七八年簽訂《邦聯條例》，同時間始終保持獨立主權，而這又經一七八三年的《巴黎條約》確立：「每個殖民地都成為一個自由、主權與獨立國家，並經母國承認。」南卡羅來納的宣言接著主張，這些州簽署憲法後，仍受源自《獨立宣言》的兩個原則所管轄：自治的權利，以及在任何形式的政府破壞建立政府所欲達成的目標時，廢除這個政府的權利。基於這些理由，並利用《宣言》的邏輯主張脫離聯邦，起草者聲明「南卡羅來納**恢復**它在世界各國間，作為個別而獨立國家的位置；完全有權宣戰、締和、結盟、通商和採取獨立國家有權採取的一切行動」。[71]次年，田納西州發布《獨立宣言與脫離聯邦法令》（Declaration of Independence and Ordinance of Secession，一八六一年五月六日），而最後脫離聯邦的肯塔基州也在一八六一年十一月二十日宣告為一個「自由而獨立的國家」。[72]北方聯邦對這些主張的回應很簡單，即這是對合眾國的叛國行為，合眾國是自一七八七年以來，唯一有正當權力行使獨立主權的政府。[73]

將獨立與國家地位（statehood）而非民族地位（nationhood）畫上等號的趨勢，在十九世紀後半日益明顯，也有助於解釋一個若非如此則頗為弔詭的事實：在一八四九至一九一八年間，也就是一般視為歐洲民族主義高漲的時期，幾乎沒有任何獨立宣言。誠然，這段期間確實有一些國家獲得獨立，包括從逐漸被支解的鄂圖曼帝國興起的國家——例如羅馬尼亞、塞爾維亞、蒙特內哥羅（都由一八七八年《柏林條約》承認獨立），保加利亞（一九〇八），阿爾巴尼亞（一九一三）——還有在一九〇五年解除與瑞典王國聯盟的挪威。然而，一般來說，這些國家獲得獨立並不是透過獨立宣言，而是以條約、合意分離、宣告與公民投票為手段。[74]

十九世紀後半，獨立與主權相連，因此也與法律地位相連，而非民族認同，不論是族裔、語言、歷史或宗教上的。在德國與義大利這類新興民族國家，民族主義是鞏固與聚集的力量；獨立宣言是碎裂與分離的指標，透露離心的力量，與民族形成的向心力背道而馳。此外，歐洲民族主義盛世與歐洲海外帝國主義的極盛時期重疊。隨著民族國家在歐洲境內鞏固成形，它們也擴大在歐洲境外持有的帝國領土：從這層意義而言，「一八七〇年代的歐洲不屬於民族國家，而是屬於舊有和興起中的帝國」。[75]

不論是鞏固或擴張，背後的力量都與一八五〇年以前和一九一八年之後引致獨立宣言的力量相對立。[76]這個概括說法有一個來自亞洲的反例，或許足以闡明十九世紀晚期各種對主權的不同定義。一八九五年五月，短暫存在的共和制臺灣民主國宣告成立，有一部分是為了阻止日本在甲午戰爭（一八九四－一八九五）後接收這座島嶼。當時的美國譯者將宣布民主國成立的文件稱為《福爾摩沙共和國正式宣言》（Official Declaration of the Republic of Formosa），但這很明顯是誤解了臺灣民主國領袖所主張的自治性質。宣告成立民主國的人向西方國家請求幫助，而這一點只有在臺灣獲得國際承認為自治體才能達成。然而，這並不見得表示完全脫離中國。臺灣民主國宣告「自立」，不是從中國「獨立」，而其大總統唐景崧在臺灣人面前亦以忠於大清皇帝的朝臣自居。因此他並未為臺灣主張國際上的完全主權，因而「這第一個亞洲共和國並不是革命的產物或獨立運動的結果」。[77]相對的，下一個亞洲共和國，蒙古，則確實源自於一九一一年的革命，當時，眼看清朝覆滅在即，蒙古各汗齊聚一堂，「對蒙古人、俄羅斯人、藏人、中國人和所有出家與在家百姓」宣告，恢復歷史上的獨立地位，並決議不再由「滿清官員」統治。[78]

二十世紀見證了宣告獨立的兩個盛世：一次緊接在第一次世界大戰後，另一次始於一九四五年並持續至一九九三年，僅在一九七〇年代和一九八〇年代初有過短暫中斷。歐洲陸上帝國在第一次世界大戰期間與其後的崩潰，讓被壓抑的民族從這些國家的囹圄中重新浮現，也帶來了為容納這些民族而創立的新國家，並且往往伴隨著獨立宣言。這段時期的宣言中，最明顯受到美國範例影響的是《捷克斯洛伐克獨立宣言》（Declaration of Independence of the Czechoslovak Nation，一九一八年十月十八日）。這份文件在美國華府由托馬斯·馬薩里克（Tomas Masaryk）以捷克文起草，再由其他人以英文修改，其中一位是拉什莫爾山（Mount Rushmore）美國總統頭像的雕刻家格曾·伯爾格勒姆（Gutzon Borglum）。這份文件將美國《宣言》放在從十五世紀揚·胡斯（Jan Hus）的前新教運動（proto-Protestantism），到二十世紀初威爾遜民族自決承諾一脈相承的傳統中。[79]

透過這些典故，馬薩里克明顯在尋求美國支持：一如他在《國家》（*The Nation*）

週刊的文章所述，「捷克－斯洛伐克的革命援用《美國獨立宣言》中的原則……美國無法接受奧地利主義（Austrianism），因為那是對《獨立宣言》與美國理念的否定與悖反」。[80]捷克宣言發布後的一個星期，馬薩里克在費城主持擬定了更為廣泛全面的《中歐聯盟獨立宣言》（Declaration of Independence of the Mid-European Union，一九一八年十月二十六日），簽署時，他用的是一七七六年《美國獨立宣言》簽署者所用的菲利普．辛格墨水瓶。[81]

對民族自決承諾的相似訴求，啟發了此時期許多其他獨立宣言，包括《斯洛維尼亞人、克羅埃西亞人和塞爾維亞人國獨立宣告》（Proclamation of the State of the Slovenes, Croats, and Serbs，一九一八年十月二十九日）、愛爾蘭議會的《愛爾蘭獨立宣言》（一九一九年一月二十一日）、《朝鮮獨立宣言》（一九一九年三月一日），以及《愛沙尼亞獨立宣言》（一九一九年五月十九日）。[82]也是在這段時期，反英國殖民運動開始一致使用《美國獨立宣言》的革命語言，這是一七七六年以來首度如此。一九三〇年一月，甘地為印度國民大會（Indian National Congress）起草宣言，聲明：「印度人不可剝奪的……自由權、享受其勞動的果實並擁有生活必需品的權利，使他們有充分成長的機會。我們也相信，任何政府若剝奪人民的這些權利並壓迫他們，他們就有改變或推翻這個政府的進一步權利。」根據這些理由，甘地主張：「我們相信……印度必須斷絕與英國的聯繫，並取得 purna swaraj，完全獨立。」不過他很快又澄清這段陳述：這份文件「**不是**要宣告獨立，而是要宣告我們只會滿足於完全獨立，不是所謂的自治領地位（Dominion Status）」。[83]後來，蘇巴斯．錢德拉．鮑斯（Subhas Chandra Bose）在一九四三年十月二十一日於新加坡宣告成立印度的第一個獨立政府 Azad Hind（自由印度）。與美國的大陸會議一樣，鮑斯的臨時政府宣告獨立是為了獲得外國承認，準備展開對抗大英帝國的武裝鬥爭。因此，他以取自美國《宣言》的用語宣告獨立絕非意外：「以我們的生命和我們戰友的生命，宣誓投入爭取〔印度的〕自由、她的福祉，和她在世界各國之間的地位」，並宣告他的政府「堅定追求國家整體和其所有部分的幸福」。[84]

這個時刻的反殖民宣言中，最明確以美國《宣言》為模範的就是胡志明的《越南獨立宣言》，緊接在一九四五年法帝國在印度支那（Indochina，即中南半島）垮臺後發布。宣言開宗明義即引用美國《宣言》的第二段（胡志明與美國戰略情報局軍官阿吉米德斯．派提確認過）以及法國的《人權宣言》。[85]越南的宣言接著歷數法國殖民的不平事例，可能是仿照美國《宣言》中對英王的指控。一如美國的範例，越南的宣言也有兩個對象，國內受眾（對他們而言獨立已是既成事實），以及外國觀察者（越南期望透過他們獲得國際承認）。向來仰慕喬治．華盛頓的胡志明，藉此將越南革命置於更悠久的革命傳統中，同時精明地爭取美國支持越南獨立，既溯及過往地脫離日本占領控制，往後也不再受法國殖民。[86]然而，「到一九四五年十月情勢已經很明朗，願意承認越南自由與獨立的人，只有越南人自己」。[87]

二十世紀晚期文件中在語言上最貼近美國《宣言》的一個，也同時徹底闡明了這類宣言要被國際社會承認的條件為何。這個例子就是一九六五年十一月十一日由南羅德西亞（Southern Rhodesia）四面楚歌的白人少數政府發布的《單方獨立宣言》（Unilateral Declaration of Independence）。這份宣言刻意模仿一七七六年的《宣言》，開頭是這樣寫的：「在人類事務的發展過程中，歷史告訴我們，一國人民有可能必須解除其和另一國人民之間的政治聯繫，並在世界各國之間取得他們應得的獨立和平等的地位……」[88]然而，文件中全未提及個人權利。羅德西亞爭端的兩方分別是伊恩．史密斯（Ian Smith）的白人少數統治政權和英國政府，而殖民帝國精英的驚人記性讓雙方都知道，這等於是美國革命的重演。《單方獨立宣言》發布兩年多前的一九六三年三月，哈洛德．麥米倫（Harold Macmillan）領導的英國保守黨政府就研究過因應羅德西亞可能獨立的軍事計畫：調查結果的祕密檔案名稱，正是不祥的「波士頓茶黨事件」*。[89]

羅德西亞的宣言，出現在聯合國發布《給予殖民地國家和人民獨立宣言》（一九六〇）的五年後。聯合國在這份文件中宣告「解放的過程是不可抗拒和不可逆的」，而「所有人民」——意指占多數的人民——「都有完全自由、行使主權和保持國家領土完整之不可剝奪的權利」。[90]羅德西亞的宣言並未反映由羅德西亞多數人口經民主過程決定的自由與主權權利，因此並不構成正當理由，不能據以承認發布宣言的政府之獨立地位。[91]

羅德西亞的例子顯示，建立國家的正當性標準，自一七七六年以來已有了可觀發展。賴比瑞亞與匈牙利等國的獨立宣言，訴求的是與歐洲和大西洋世界其他國家共享的文明標準。在列寧與威爾遜都在第一次世界大戰近尾聲時宣告了他們對民族自決的構念後，民族自決便成為可凝聚分離主義運動的旗幟，例如在捷克斯洛伐克的情形。第二次世界大戰後，聯合國成為國際常規的仲裁者，《以色列國建國宣言》（Declaration of

* 譯注：波士頓茶黨事件（Boston Tea Party）也稱為波士頓茶會事件、波士頓傾茶事件。一七七三年十二月十六日，為了抗議《茶稅法》，名為「自由之子」（Sons of Liberty）的抗英祕密組織成員，於波士頓灣銷毀了英國東印度公司運來的數百箱茶葉。此後情勢不斷升高，最終導致了美國革命。

the Establishment of the State of Israel，一九四八年五月十四日）所引用的文件中包括一項聯合國決議案，正足以顯示這一點。一九四八年以後權利論述（rights-talk）的散播，以及《世界人權宣言》的發布，都增加了使內部主權結構與外部主權機制和諧一致的國際壓力，也協助加速了自第二次世界大戰以來的去殖民化發展趨勢。

自一七七六年以來，獨立宣言主要是對主權的伸張，不管是對抗殖民或占領勢力的外部主權還是內部主權皆然，這些宣言定義了新國家的正當性來源，領土主張，並伸張其國際法律人格。這個事實代表的是主權的感染蔓延所導致的難題，而且至少可以回溯到美國革命。然而，這些難題也無法回溯到比美國革命更早的時期，因為在美國人於一七七六年宣布脫離大英帝國獨立的時刻，獨立與國家地位之間的相關性仍相當新穎。

有些觀察者認為，從一七七六年的英屬北美開始，美洲便是民族的搖籃（nursery of nations），遠早於十九世紀後半出現的民族之春（springtime of nations）。然而，一如本書對《美國獨立宣言》與其後繼者的檢視所顯示，革命年代的西半球也許最應被看待為一座國家的熔爐（crucible of states）：「這個藍圖的有效性與普適性，無疑被獨立國家的**數量之多**而驗證了。」[92]因此，若說我們由國家形成的現代世界可回溯其起源到美洲，特別是美國革命，絕非言過其實。政治理論家漢娜．鄂蘭（Hannah Arendt）曾感嘆：「悲哀的事實是，災難收場的法國革命成為世界歷史，而大獲成功的美國革命依然是只具地方重要性的事件。」[93]恰恰相反：美國革命是真正具有全球重要性的事件。它深具感染力的餘波盪漾，無遠弗屆，包覆了如今由國家組成的整個世界，不管是好是壞，至少現在，我們都無可逃避地居住其中。

結論

本書探討《獨立宣言》的歷史，對於這份既有針對性又兼容並蓄的文件，追溯了其國際起源和在全球各地的來世。探討的結果，應該與美國革命首屈一指的歷史學者最近的評斷並置來看：「《宣言》提出了關於人類權利的一套思想，不僅適用於美國人，也適用於世界各地的人民。這對美國革命的普世魅力不可或缺。」[1]我在這裡講述的故事，關注重點是國家權利而非個人權利，是共同體在國際領域內爭取承認的主張，而非公民或子民反對其統治者的主張。這兩種評斷不必然互斥。《宣言》既談及自由獨立國家的權利，也談及「人人」的「生命權、自由權和追求幸福的權利」。《宣言》在美國境內與廣大世界所擁有的魅力，有部分源自它將兩種權利都融入其論點中。不過，在它於全球被接受與模仿的歷史中，《宣言》關於國家地位的主張更為突出，這準確地反映了其作者的意圖，也更能描述其論據本意更為側重何者。

沒有一份文件的意義，能完全由作者的意圖所限制。對於被視為某文類之濫觴的文件，例如《宣言》，更是如此。傑佛遜在一七七六年的成就，在於利用了他的辯論與修辭技巧，在沒有任何先前模範的引導下，打造出一個宣告獨立的手段。後來的革命者、脫離派（secessionist）和分離主義者（separatist）將無須做此創意上的跳躍，因為能為他們的宣言提供靈感的範例，隨著時間日趨繁多而多元。隨著數量增加和多樣化而來的，還有對《宣言》核心處互相競爭的要件（imperative）更為鮮明的揭示，這些互相競爭的要件在於人民與國家之間，以及擁有權利的個人和主權政體之間（後者以其他政體為對象主張其權利）。因此，讓《宣言》在世界各地獨具魅力的因素——它同時訴求自然權利與實在法，它將個人與法人權利駁雜紛陳，它融合了後來成為不同政治主張類別的要素——也讓它的來世成為一種索引，揭示出一七七六年以來世界歷史中的重大難題。

獨立宣言主要是用來在不斷擴張的主權政體宇宙中，伸張外部主權。它們是一個特定年代的產物，在那個年代，國家日益被視為世界政治的主要單位，而與之競爭的其他政治形式則逐漸退出世界舞臺：因此，如今沒有一個國家會正式自稱為帝國，不過某些國家會讓其政策的分析者或擁護者，在非正式情況下以它們的名義使用帝國的語言。過去兩個世紀以來，獲得其他國家承認主權的標準經過劇烈變化。獨立宣言這一文類擁有足夠彈性，能包含各種訴求，比如瓦特爾式的國家地位定義，「文明」的語言，威爾遜式的自決概念，以及萌芽中的人權論述。這許多訴求與國際上的國家主權伸張究竟有多契合，是當代全球秩序中懸而未決的問題之一。

這個難題之棘手，在面對獨立這件事根本上的曖昧不明時，變得格外明顯。似乎已成為歷史通則的是，一旦國家確立了自身的獨立地位，就會抗拒對其自主權或完整性的內部挑戰：「在這些情況中，這個權利反成為禁忌。」[2]這種曖昧態度早在一七七七年美國拒絕讓佛蒙特獨立時就可看出。第二次世界大戰以來，這個通則的重大例外，幾乎只有在一九七一年宣告獨立並脫離巴基斯坦的孟加拉，但在獲得國家地位的過程中伴隨著大量鮮血。[3]獨立國家會抗拒其他的獨立主張，主要是因為獨立與國家地位透過領土性相連：依照這個等式，少了明確的領土便不可能有國家，而少了國家就沒有真正意義上的獨立。領土性一直以來都是國家地位牢不可破的核心：當兩個民族對同一塊領土主張權利時，他們互不相容的獨立宣言便會競逐認可，以色列與巴勒斯坦的情況正是如此。[4]

只要民族自決所設想的終點仍是局限於國家地位之內的主權，那許多內部少數族群——尤其是原住民——能夠在此定義下取得獨立的希望就極為渺茫。《紐西蘭獨立宣言》（一八三五）正顯示了這個悲觀的結論：代表原住民群體宣布獨立時，這個宣言只是給了英國王權代理人減少他們自主權的根據。為了爭取自身權利並伸張自主權，原住民族日益採用獨立宣言以外的手段。[5]

這樣的策略轉變也許顯示，獨立宣言永遠不會像過去那樣數量繁多了。想要促進其目標的團體，現在也許會選擇其他形式的自決——比如權力下放（devolution）、共管

（condominium）或更廣泛的政治代表——這些都沒有針對領土或是加入「世界各國」的主張。當然，這樣的概括化也有反例，任何這樣大範圍的預測必然會有與其不一致的結果。對近日運動的法律評斷，例如魁北克分離運動，否定了任何省分或人民與國家分離之假定權利的存在，儘管如此，這不表示不會有脫離的嘗試，即使這直接違反了主流的國際法律常規與既有國家的抵制。舉例而言，我們不難想像對十七至十八世紀清帝國疆域，也是現代中國核心領土的挑戰，俄羅斯聯邦的進一步碎片化（如車臣），或是印尼與印度出現更激烈的分離主義騷亂。這些發展是否會伴隨獨立宣言仍屬未知。在我們牢牢由主權領土實體所構成、涵蓋全球的世界裡，成功宣告成為獨立國家的機會可能已經很少了。即使在這樣一個世界裡，《美國獨立宣言》仍將是「一個工具，蘊含〈美國〉自己和世界的命運」，但不是因為傑佛遜當時可能期望的理由，而是因為他不可能預見的後果。

1. 各國獨立宣言，一七七六至一九九三年

下方表格為一七七六年以來出現的獨立宣言清單。我盡可能將宣言全文以及譯本來源列出。表格後方為宣言文選。

縮寫

Actas	*Las Actas de Independencia de América*（《美洲獨立宣言》）, ed. Javier Malagón (Washington, D.C., 1955)
BFSP	*British and Foreign State Papers*（《英國與外國國務文書》）, 170 vols. (London, 1841–1977)
IDOW	*Independence Documents of the World*（《世界獨立文件集》）, ed. Albert P. Blaustein, Jay Sigler, and Benjamin R. Beede, 2 vols. (New York, 1977)
TNA	The National Archives（「國家檔案館」）, Kew, United Kingdom

年分	國家	日期	來源
一七七六	美國	七月四日	*The Papers of Thomas Jefferson*, gen. eds. Julian P. Boyd et al., 31 vols. to date (Princeton, 1950–), I, 429–432
一七七七	佛蒙特	一月十五日	*Records of the Council of Safety and Governor and Council of the State of Vermont*, ed. E. P. Walton, 8 vols. (Montpelier, VT, 1873–1880), I, 40–44
一七九〇	法蘭德斯	一月四日	J. F. Rohaert, *Manifeste de la Province de Flandre* (Ghent, 1790)
一八〇四	海地	一月一日	Thomas Madiou, *Histoire d'Haïti*, 8 vols. (Port-au-Prince, 1989–1991), III, 146–150; Marcus Rainsford, *An Historical Account of the Black Empire of Hayti* (London, 1805), 442–446
一八一〇	哥倫比亞	七月二十日	*Actas*, 26–28
一八一一	委內瑞拉	七月五日	*Historia y comentarios del libro de actas de la independencia de Venezuela 1811*, ed. P. L. Blanco Peñalver (Caracas, 1983), 41–46; *Interesting Official Documents Relating to the United Provinces of Venezuela* (London, 1812), 2–21

年分	國家	日期	來源
一八一一	新格拉納達	十一月十一日	*Documentos para la historia de la vida pública del libertador de Colombia, Péru y Bolivia*, ed. José Félix Blanco, 14 vols. (Caracas, 1875–1877), III, 357–360; *BFSP*, 1 (1812–1814), 1136–1142
一八一三	墨西哥	十一月六日	Carlos María de Bustamente, *Cuadro historíco de la revolucíon mexicana*, 5 vols. (Mexico, 1843–1846), II, 406–407
一八一六	阿根廷	七月九日	*Registro Oficial de la República Argentina*, 14 vols. (Buenos Aires, 1879–1891), I, 366; *BFSP*, 5 (1817–1818), 804
一八一八	智利	一月一日	*Documentos para la historia de la vida pública del libertador*, ed. Blanco, VI, 238–239; *BFSP*, 6 (1818–1819), 820–821
一八二一	秘魯	七月二十八日	*Documentos para la historia de la vida pública del libertador*, ed. Blanco, VIII, 5–7; *BFSP*, 9 (1821–1822), 393–394

一八二一	瓜地馬拉	九月十五日	*Documentos para la historia de la vida pública del libertador*, ed. Blanco, VIII, 67–68
一八二一	薩爾瓦多	九月二十一日	*Textos Fundamentales de la Independencia Centroamericana*, ed. Carlos Meléndez (San José, Costa Rica, 1971), 266–268
一八二一	墨西哥	九月二十八日	*El Libertador: Documentos Selectos de D. Agustín de Iturbide*, ed. Mariano Cuevas (Mexico City, 1947), 262–263; *IDOW*, II, 471–476
一八二一	尼加拉瓜	九月二十八日	*Textos Fundamentales de la Independencia Centroamericana*, ed. Meléndez, 274
一八二一	哥斯大黎加	十月二十九日	*Textos Fundamentales de la Independencia Centroamericana*, ed. Meléndez, 282–283
一八二一	巴拿馬	十一月二十八日	*Actas*, 88
一八二二	希臘共和國	一月二十七日	John L. Comstock, *History of the Greek Revolution* (New York, 1828), 499–500
一八二二	巴西	九月七日	*A Documentary History of Brazil*, ed. E. Bradford Burns (New York, 1956), 199–200
一八二三	尼加拉瓜	七月一日	*Actas*, 83–84

年分	國家	日期	來源
一八二三	中美洲聯合省分	七月十一日	*Textos Fundamentales de la Independencia Centroamericana*, ed. Meléndez, 420–424; *IDOW*, I, 142–145
一八二五	玻利維亞	八月六日	*Documentos para la historia de la vida pública del libertador*, ed. Blanco, X, 62–65; *BFSP*, 13 (1825–1826), 859–862
一八二五	烏拉圭	八月二十五日	Antonio T. Caravia, *Collecion de leyes, decretos y resoluciones gubernativas ... de la república oriental de Uruguay*, 3 vols. (Montevideo, 1867), I, 13–14; *IDOW*, I, 744
一八三〇	厄瓜多	五月十三日	*IDOW*, I, 200–201
一八三〇	比利時	十月四日	*BFSP*, 17 (1829–1830), 1232
一八三一	哥倫比亞	十一月二十一日	*BFSP*, 18 (1830–1831), 1359–1360
一八三五	紐西蘭	十月二十八日	*Fac-Similes of the Declaration of Independence and the Treaty of Waitangi* (Wellington, NZ, 1877), 4

一八三六	德克薩斯	三月二日	*The Papers of the Texas Revolution, 1835–1836*, gen. ed. John H. Jenkins, 9 vols. (Austin, 1973), IV, 493–497
一八三六	上加利福尼亞	十一月七日（未獲承認）	[Parke-Bernet Galleries,] *The Celebrated Collection of Americana Formed by the Late Thomas Streeter, Morristown, New Jersey*, 8 vols. (New York, 1968), IV, 1781
一八三八	尼加拉瓜	四月三十日	*IDOW*, I, 522
一八三八	宏都拉斯	十月二十六日	*IDOW*, I, 329
一八三八	哥斯大黎加	五月三十日	*IDOW*, I, 146–147
一八四二	巴拉圭	十一月二十五日	*Actas*, 98–99; *BFSP*, 34 (1845–1846), 1320–1321
一八四四	多明尼加共和國	一月十六日	Emilio Rodríguez Demorizi, *El acta de la separación Dominicana y el acta de independencia de los Estados Unidos de America* (Ciudad Trujillo, 1943), 33–46
一八四七	賴比瑞亞	七月二十六日	*The Independent Republic of Liberia; Its Constitution and Declaration of Independence* (Philadelphia, 1848), 8–9

年分	國家	日期	來源
一八四九	匈牙利	四月十四日	*Kossuth Lajos összes munkái*, 15 vols. (Budapest, 1948–1966), XIV, 894–912; William H. Stiles, *Austria in 1848–49*, 2 vols. (New York, 1852), II, 409–418
一八六〇	南卡羅來納	十二月二十日	*Journal of the Convention of the People of South Carolina, Held in 1860, 1861 and 1862* (Columbia, SC, 1862), 461–466
一八九五	臺灣	五月二十三日	James W. Davidson, *The Island of Formosa Past and Present* (Yokohama, 1903), 279–281
一八九八	菲律賓	六月十二日	John R. M. Taylor, *The Philippine Insurrection against the United States*, 5 vols. (Pasay City, 1971), III, 102–106
一九〇三	巴拿馬	十一月四日	*Actas*, 90
一九〇八	保加利亞	九月二十二日	*IDOW*, I, 94–95
一九一一	蒙古	十二月一日	Urgunge Onon and Derrick Pritchatt, *Asia's First Modern Revolution: Mongolia Proclaims Its Independence in 1911* (Leiden, 1989), 126

一九一七	芬蘭	十二月六日	*IDOW*, I, 228–230
一九一八	立陶宛	二月十六日	
一九一八	愛沙尼亞	二月二十四日	
一九一八	捷克斯洛伐克	十月十八日	George J. Kovtun, *The Czechoslovak Declaration of Independence: A History of the Document* (Washington, D.C., 1985), 53–55
一九一八	拉脫維亞	十一月十八日	
一九一八	喬治亞	五月二十六日	
一九一八	南斯拉夫	十月二十九日	*Yugoslavia through Documents: From Its Creation to Its Dissolution*, ed. Snezana Trifunovska (Dordrecht, 1994), 147–148
一九一九	愛爾蘭共和國	一月二十一日	*Ireland's Declaration of Independence and Other Official Documents* (New York, 1919), 3
一九一九	朝鮮	三月一日	"The Declaration of Independence, March 1, 1919: A New Translation," *Korean Studies*, 13 (1989), 1–4
一九一九	愛沙尼亞	五月十九日	*TNA*, FO 608/186, fols. 229–230

年分	國家	日期	來源
一九四一	敘利亞	九月二十七日	*IDOW*, II, 679–680
一九四三	南斯拉夫	十一月二十九日	*IDOW*, II, 784–790
一九四四	冰島	六月十六日	*IDOW*, I, 334
一九四五	奧地利	四月二十七日	*Red-White-Red Book: Justice for Austria* (Vienna, 1947), 211–212
一九四五	印尼	八月十七日	*IDOW*, I, 342–343
一九四五	越南	九月二日	Ho Chi Minh, *Selected Works*, 4 vols. (Hanoi, 1960–1962), III, 17–21
一九四八	以色列	五月十四日	*IDOW*, I, 371
一九五〇	南摩鹿加群島	四月二十五日（未獲承認）	Clive J. Christie, *A Modern History of Southeast Asia: Decolonization, Nationalism and Separatism* (London, 1996), 224
一九五一	利比亞	十二月二十四日	*IDOW*, II, 428–429
一九五七	馬來西亞	八月三十一日	*IDOW*, II, 449–451
一九五八	幾內亞	十月二日	*IDOW*, I, 300–302

一九六〇	多哥	四月二十三日	*IDOW*, II, 700
一九六〇	剛果民主共和國（薩伊）	六月三十日	
一九六〇	喀坦加	七月十一日（未獲承認）	Jules Gérard-Libois, *Katanga Secession*, trans. Rebecca Young (Madison, 1966), 328–329
一九六〇	達荷美（貝南）	八月一日	
一九六〇	尼日	八月六日	*IDOW*, II, 526
一九六〇	塞內加爾	八月二十五日	
一九六〇	馬利	九月二十二日	*IDOW*, II, 458–459
一九六〇	茅利塔尼亞	十月十九日	*IDOW*, II, 465
一九六一	盧安達	一月二十八日	*IDOW*, II, 594–595
一九六一	坦加尼喀	十一月二十二日	
一九六五	新加坡	八月七日	*IDOW*, II, 620–622
一九六五	南羅德西亞	十一月十一日（未獲承認）	*IDOW*, II, 587

年分	國家	日期	來源
一九六七	比亞夫拉	五月三十日	Chukwuemeka Odumegwu Ojukwu, *Ahiara Declaration: The Principles of the Biafran Revolution* (June 1, 1969) (Glenn Dale, 2003), 51–52
一九六八	赤道幾內亞	十月十二日	*IDOW*, I, 218
一九七一	孟加拉	四月十日	*Bangla Desh: Documents* (New Delhi, [1971?]), 281–282
一九七一	巴林	八月十四日	*IDOW*, I, 46–50
一九七一	阿拉伯聯合大公國	十二月一日	*IDOW*, II, 722–723
一九七三	幾內亞－比索	九月二十四日	*IDOW*, II, 307–310
一九七五	安哥拉	十一月十一日	*Angola: Documentos de Independência* (Lisbon, 1976), 7–20
一九七五	東帝汶	十一月二十八日	Jill Jolliffe, *East Timor: Nationalism and Colonialism* (St Lucia, Qld., 1978), 212
一九八三	北賽普勒斯土耳其共和國	十一月十五日（未獲承認）	UN Doc. A/38/586–S/16148

一九八八	巴勒斯坦全國委員會	十一月十五日（未獲承認）	*The Israel-Arab Reader: A Documentary of the Middle East Conflict*, ed. Walter Laqueur and Barry Rubin, 6th ed. (Harmondsworth, 2001), 354–357
一九九〇	立陶宛	三月十一日	
一九九一	烏茲別克		
一九九一	喬治亞	四月九日	
一九九一	斯洛維尼亞	六月二十五日	*Yugoslavia through Documents*, ed. Trifunovska, 286–290
一九九一	克羅埃西亞	六月二十五日	*Yugoslavia through Documents*, ed. Trifunovska, 301–304
一九九一	愛沙尼亞	八月二十日	
一九九一	拉脫維亞	八月二十一日	
一九九一	烏克蘭	八月二十四日	
一九九一	白俄羅斯	八月二十五日	
一九九一	摩爾多瓦	八月二十七日	

年分	國家	日期	來源
一九九一	亞塞拜然	八月三十日	
一九九一	烏茲別克	八月三十一日	
一九九一	吉爾吉斯	八月三十一日	
一九九一	納戈爾諾－卡拉巴赫	九月三日（未獲承認）	
一九九一	克里米亞	九月四日	
一九九一	塔吉克	九月九日	
一九九一	馬其頓	九月十七日	*Yugoslavia through Documents*, ed. Trifunovska, 345–347
一九九一	科索沃共和國	九月二十二日	*The Crisis in Kosovo, 1989–1999* (Cambridge, 1999), 72
一九九一	亞美尼亞	九月二十三日	
一九九一	土庫曼	十月二十七日	
一九九一	車臣	十一月二日	
一九九一	南奧塞提亞	十一月二十八日	

一九九一	哈薩克	十二月十六日	
一九九一	塞爾維亞克拉伊納共和國	十二月十九日	
一九九二	波士尼亞－赫塞哥維納	三月三日	
一九九二	韃靼斯坦	三月二十一日	
一九九二	波士尼亞與赫塞哥維納塞爾維亞共和國	四月七日	
一九九二	克里米亞	五月五日（未獲承認）	
一九九二	塞族共和國	七月四日（未獲承認）	
一九九二	阿布哈茲	七月二十四日（未獲承認）	
一九九三	厄利垂亞	五月二十四日	

2. 湯瑪斯・傑佛遜《獨立宣言》「原始草稿」

在大陸會議下集會的美利堅合眾國代表之宣言

在有關人類事務的發展過程中，當一國人民必須脫離先前的從屬地位，並在世界各國之間依照自然法則和上帝的意旨，取得獨立和平等的地位時，出於對人類輿論的尊重，必須把他們不得不改變的原因予以宣布。

我們認為下面這些真理是神聖而不容否認的；人人生而平等獨立，此天生平等賦予他們固有而不可剝奪的權利，其中包括保存生命權、自由權和追求幸福的權利；為了保障這些目標，人類才在他們之間建立政府，而政府之正當權力，是經被治理者的同意而產生的；當任何形式的政府對這些目標具破壞作用時，人民便有權力改變或廢除它，以建立一個新的政府，其賴以奠基的原則，其組織權力的方式，務使人民認為唯有這樣才最可能獲得他們的安全和幸福。為了慎重起見，成立多年的政府，是不應當由於輕微和短暫的原因而予以變更的：過去的一切經驗也都說明，任何苦難，只要是尚能忍受，人類都寧願容忍，而無意為了本身的權益廢除他們久已習慣了的政府。但是，當開始於特定時期，追逐同一目標的一連串濫用職權和強取豪奪發生，證明政府企圖把人民置於專制統治之下時，那麼人民就有權利，也有義務推翻這個政府，並為他們未來的安全建立新的保障。這就是這些殖民地過去逆來順受的情況；也是它們現在不得不消除以前政府制度的原因。當今國王陛下的歷史，是接連不斷的傷天害理和強取豪奪的歷史，其中沒有一個事實足以反駁其整體意圖，這些暴行的唯一目標，就是想在這些州建立專制的暴政。為了證明所言屬實，現把下列事實向公正的世界宣布，我們以未受謊言沾汙的信念宣誓其真實性。

他拒絕批准對公眾利益最有益、最必要的法律：

他禁止他的總督們批准迫切而極為必要的法律，要不就把這些法律擱置起來暫不生效，等待他的同意；而一旦這些法律被擱置起來，他對它們就完全置之不理。

他拒絕批准便利廣大地區人民的其他法律，除非那些人民情願放棄自己在立法機關中的代表權；但這種權利對他們有無法估量的價值，而且只有暴君才畏懼這種權利：

他一再且持續解散各州的議會，因為它們以無畏的堅毅態度反對他侵犯人民的權利：

他長期拒絕另選新議會，但立法權是無法取消的，因此這項權力仍由一般人民來行使，同時各州仍然處於危險的境地，既有外來侵略之患，又有發生內亂之憂：

他竭力抑制我們各州增加人口；為此目的，他阻撓外國人入籍法的通過，拒絕批准其他鼓勵外國人移居各州的法律，並提高分配新土地的條件：

他拒絕批准建立司法權力的法律，使司法工作在某些殖民地完全無法推行：

他把法官的任期和薪金數額，完全置於他個人意志的支配之下：

他以自認擁有的權力建立新官署，派遣大批官員，騷擾我們人民，並耗盡人民必要的生活物質：

他在和平時期在我們中間維持常備軍和戰艦：

他力圖使軍隊獨立於民政之外，並凌駕於民政之上：

他同某些人勾結起來，把我們置於一種不適合我們的體制且不為我們的法律所承認的管轄之下；他還批准那些人炮製的各種偽法案來達到以下目的：在我們中間駐紮大批武裝部隊；

用假審訊來包庇他們，使他們殺害我們各州居民而仍然逍遙法外；

切斷我們同世界各地的貿易；

未經我們同意便向我們強行徵稅；

剝奪我們享有陪審制的權益；

編造罪名押送我們到海外去受審；

取消我們的特許狀，並且根本上改變我們各州政府的形式；

中止我們自己的立法機關行使權力，宣稱他們自己有權就一切事宜為我們制定法律；

他召回他的總督們，並宣布我們已不屬他效忠和保護之列，從而放棄了在這裡的政務；

他在我們的海域大肆掠奪，蹂躪我們沿海地區，焚燒我們的城鎮，殘害我們人民的生命；

他此時正在運送大批外國傭兵來完成屠殺、破壞和肆虐的勾當，這種勾當早就開始，其殘酷卑劣，使他完全不配做一個文明國家的元首；

他竭力挑唆那些殘酷無情、沒有開化的印第安人來殺掠我們邊疆的居民；而眾所周知，印第安人的作戰規律是不分男女老幼，一律格殺勿論的；

他以沒收我們的財產為誘惑，在我們中間煽動叛國的內亂；

他對人性本身發起了殘酷的戰爭，在從未冒犯他的遙遠人民身上，違反人性最神聖的生命與自由權利，擄獲他們並將他們帶到另一個半球成為奴隸，或是導致他們在運輸途中慘死。這種海盜般的戰爭，這種**異教**政權也不齒的行徑，竟是大不列顛**基督徒**國王的戰爭方式。為了維持買賣**人類**的市場繼續開放，他濫用他的否決權，以壓抑嘗試透過立法禁止或限制這種卑劣貿易的所有努力：而為了讓這種種恐怖的集合更無所缺，如今他還煽動那些人在我們之間發動武裝攻擊，要他們靠著謀殺同樣被他強加干預的人民，換取被他所剝奪的自由；如是，在他對一國人民犯下違反他們**自由**的罪行之後，他鼓勵他們對另一國人民的**生命**犯下罪行，以抵銷他的罪行。

在這些壓迫的每一階段中，我們都是用最謙卑的言辭請求改善；但屢次請求所得到的答覆是屢次遭受損害。一個君主，當他的品格已打上了暴君行為的烙印時，是不配做自由人民的統治者的。未來的世代將很難相信，一個男子因其厚顏無恥，在短短十二年的時間內，對成長於自由原則中並堅信這些原則的人民，毫不遮掩地犯下這麼多暴君的行為。

我們不是沒有顧念我們英國的弟兄。我們時常提醒他們，他們的立法機關企圖對我們這些州橫加管轄權。我們也曾把我們移民來這裡和在這裡定居的情形告訴他們，這些情形中沒有一個給他們理由提出這麼奇怪的要求。我們的移民和定居是以我們自己的血汗與財富為代價，沒有受到大不列顛的財富或力量協助：在組成我們的不同政府形式時，我們以一個國王為共同的國王，奠定了與他們之間永久同盟與友誼的基礎：但是若歷史可信，那麼，受到他們的國會管轄不是我們體制的一部分，也從來不是我們的想法：我們曾經向他們天生的正義感和雅量呼籲，我們懇求他們念在同種同宗的份上，棄絕這些掠奪行為，以免影響彼此的往來和關係。但是他們對於這種正義和血緣的呼聲，也同樣充耳不聞，而當他們有機會透過他們法律的正常過程，將破壞我們和諧的人從議會移除，他們仍透過自由選舉讓他們重新掌握權力。此時他們也正容許他們的首要長官不僅派遣與我們同血緣的士兵前來，還有蘇格蘭與外國傭兵前來入侵並血洗我們。這些事實是對痛苦的情感的最後一刀，而男子漢的精神使我們必須永遠放棄這些無情的弟兄。我們必須努力遺忘從前對他們的愛，以對待世界上其他人一樣的態度對待他們，和我們作戰，就是敵人，與我們和好，就是朋友。本來我們或許可以共同成為自由而偉大的人民；但是寬宏與自由的友好關係似乎是他們不願屈就的。若他們寧願如此，那就如此：通往榮耀與幸福的道路也對我們開放；我們將在一個不同的國家裡攀登這條道路，並接受我們不得不永遠與他們分道揚鑣！

因此，我們，在大陸會議下集會的美利堅合眾國代表，以各殖民地善良人民的名義，並經他們授權，拒絕並取消一切對大不列顛國王效忠與服從的義務，以及此後任何藉由、透過或在他之下做此主張的人；我們徹底消除和斷絕此前與大不列顛人民或國會之間存在的一切政治關係；最後，我們主張並宣告，這些殖民地從此是自由和獨立的國家，而作為自由獨立的國家，此後它們有權宣戰、締和、結盟、通商和採取獨立國家有權採取的一切行動。為了支持這篇宣言，我們以我們的生命、我們的財產和我們神聖的名譽，彼此宣誓。

來源：原文來源為 *The Papers of Thomas Jefferson*, gen. eds. Julian P. Boyd et al., 31 vols. to date (Princeton, 1950–), I, 423–427. 譯文來源：與《獨立宣言》重複之處採用美國在台協會之中譯本，未重複之部分出自譯者。

3. 一七七六年七月四日，大陸會議，《美利堅合眾國全體代表大會宣言》

在有關人類事務的發展過程中，當一國人民必須解除其和另一國人民之間的政治聯繫，並在世界各國之間依照自然法則和上帝的意旨，取得獨立和平等的地位時，出於對人類輿論的尊重，必須把他們不得不獨立的原因予以宣布。

我們認為下面這些真理是不證自明的，人人生而平等，造物者賦予他們若干不可剝奪的權利，其中包括生命權、自由權和追求幸福的權利——為了保障這些權利，人類才在他們之間建立政府，而政府之正當權力，是經被治理者的同意而產生的。當任何形式的政府對這些目標具破壞作用時，人民便有權力改變或廢除它，以建立一個新的政府；新政府賴以奠基的原則，其組織權力的方式，務使人民認為唯有這樣才最可能獲得他們的安全和幸福。為了慎重起見，成立多年的政府，是不應當由於輕微和短暫的原因而予以變更的。過去的一切經驗也都說明，任何苦難，只要是尚能忍受，人類都寧願容忍，而無意為了本身的權益廢除他們久已習慣了的政府。但是，當追逐同一目標的一連串濫用職權和強取豪奪發生，證明政府企圖把人民置於專制統治之下時，那麼人民就有權利，也有義務推翻這個政府，並為他們未來的安全建立新的保障。這就是這些殖民地過去逆來順受的情況，也是它們現在不得不改變以前政府制度的原因。當今大不列顛國王的歷史，是接連不斷的傷天害理和強取豪奪的歷史，這些暴行的唯一目標，就是想在這些州建立專制的暴政。為了證明所言屬實，現把下列事實向公正的世界宣布。

他拒絕批准對公眾利益最有益、最必要的法律。

他禁止他的總督們批准迫切而極為必要的法律，要不就把這些法律擱置起來暫不生效，等待他的同意；而一旦這些法律被擱置起來，他對它們就完全置之不理。

他拒絕批准便利廣大地區人民的其他法律，除非那些人民情願放棄自己在立法機關中的代表權；但這種權利對他們有無法估量的價值，而且只有暴君才畏懼這種權利。

他把各州立法團體召集到異乎尋常的、極為不便的、遠離它們檔案庫的地方去開會，唯一的目的是使他們疲於奔命，不得不順從他的意旨。

他一再解散各州的議會，因為它們以無畏的堅毅態度反對他侵犯人民的權利。

他在解散各州議會之後，又長期拒絕另選新議會；但立法權是無法取消的，因此這項權力仍由一般人民來行使。同時各州仍然處於危險的境地，既有外來侵略之患，又有發生內亂之憂。

他竭力抑制我們各州增加人口；為此目的，他阻撓外國人入籍法的通過，拒絕批准其地鼓勵外國人移居各州的法律，並提高分配新土地的條件。

他拒絕批准建立司法權力的法律，藉以阻撓司法工作的推行。

他把法官的任期、薪金數額和支付，完全置於他個人意志的支配之下。

他建立新官署，派遣大批官員，騷擾我們人民，並耗盡人民必要的生活物質。

他在和平時期，未經我們的立法機關同意，就在我們中間維持常備軍。

他力圖使軍隊獨立於民政之外，並凌駕於民政之上。

他同某些人勾結起來，把我們置於一種不適合我們的體制且不為我們的法律所承認的管轄之下；他還批准那些人炮製的各種偽法案來達到以下目的：

在我們中間駐紮大批武裝部隊：

用假審訊來包庇他們，使他們殺害我們各州居民而仍然逍遙法外：

切斷我們同世界各地的貿易；
未經我們同意便向我們強行徵稅；
在許多案件中剝奪我們享有陪審制的權益；
編造罪名押送我們到海外去受審；
在一個鄰省廢除英國的自由法制，在那裡建立專制政府，並擴大該省的疆界，企圖把該省變成既是一個樣板又是一個得心應手的工具，以便進而向這裡的各殖民地推行同樣的極權統治；
取消我們的特許狀，廢除我們最寶貴的法律，並且根本上改變我們各州政府的形式；
中止我們自己的立法機關行使權力，宣稱他們自己有權就一切事宜為我們制定法律。
他宣布我們已不屬他保護之列，並對我們作戰，從而放棄了在這裡的政務。
他在我們的海域大肆掠奪，蹂躪我們沿海地區，焚燒我們的城鎮，殘害我們人民的生命。
他此時正在運送大批外國傭兵來完成屠殺、破壞和肆虐的勾當，這種勾當早就開始，其殘酷卑劣甚至在最野蠻的時代都難以找到先例。他完全不配做一個文明國家的元首。
他在公海上俘虜我們的同胞，強迫他們拿起武器來反對自己的國家，成為殘殺自己親人和朋友的劊子手，或是死於自己的親人和朋友的手下。

他在我們中間煽動內亂，並且竭力挑唆那些殘酷無情、沒有開化的印第安人來殺掠我們邊疆的居民；而眾所周知，印第安人的作戰規律是不分男女老幼，一律格殺勿論的。

在這些壓迫的每一階段中，我們都是用最謙卑的言辭請求改善；但屢次請求所得到的答覆是屢次遭受損害。一個君主，當他的品格已打上了暴君行為的烙印時，是不配做自由人民的統治者的。

我們不是沒有顧念我們英國的弟兄。我們時常提醒他們，他們的立法機關企圖把無理的管轄權橫加到我們的頭上。我們也曾把我們移民來這裡和在這裡定居的情形告訴他們。我們曾經向他們天生的正義感和雅量呼籲，我們懇求他們念在同種同宗的份上，棄絕這些掠奪行為，以免影響彼此的關係和往來。但是他們對於這種正義和血緣的呼聲，也同樣充耳不聞。因此，我們實在不得不宣布和他們脫離，並且以對待世界上其他人一樣的態度對待他們：和我們作戰，就是敵人；與我們和好，就是朋友。

因此，我們，在**大陸會議**下集會的**美利堅合眾國**代表，以各殖民地善良人民的名義，並經他們授權，向全世界最崇高的正義呼籲，說明我們的嚴正意向，同時鄭重宣布，這些聯合一致的殖民地從此是**自由和獨立的國家**，並且按其權利也必須是自由和獨立的國家，它們取消一切對英國王室效忠的義務，它們和大不列顛國家之間的一切政治關係從此全部斷絕，而且必須斷絕；作為**自由獨立的國家**，它們完全有權宣戰、締和、結盟、通商和採取**獨立國家**有權採取的一切行動。為了支持這篇宣言，我們堅決信賴上帝的庇佑，以我們的生命、我們的財產和我們神聖的名譽，彼此宣誓。

來源：原文來源為 *A Declaration By the Representatives of the United States of America, In General Congress Assembled* (Philadelphia, 1776). 譯文採用美國在台協會之中譯本。

4.〔傑瑞米・邊沁〕宣言短評（一七七六）

審視這份絕無僅有的宣言時，我僅檢視其中為了佐證暴政與強取豪奪的指控，針對陛下與國會所提出的所謂**事實**。對於序文我幾乎毫未理會。事實是，它不值得關注。現代美國人對於政府的看法，就如他們的善祖先對於巫術的看法一樣，本來是可笑得不值得一點注意，但是他們祖先的想法，雖然可鄙又誇大，並沒有導致滔天惡行。

然而在這篇序文中他們嘗試建立一個**政府理論**；這個理論之荒謬和虛幻，不輸它所要捍衛的行為之陰暗。在此，他們提出原則以合理化對英國政府的抗爭。關於**為此目的**而援引的這些原則，一言以敝之，它們**與英國法制相牴觸**。但除此以外，它們還顛覆所有實際或可以想像的政府形式。

他們告訴我們，他們即將「**在世界各國之間……取得獨立和平等的地位**」——而他們最近發現——這是「**依照自然法則和上帝的意旨**」他們所應得的。這些才思敏銳的立法者認為**自然法則**和**上帝的意旨**之間有何不同，我無能判斷甚至無從猜測。如果他們如今要求的東西，是根據上帝的任何法則所應得的，他們只需拿出這個法則，所有爭論便可休止。然而，他們反而拿出什麼？他們所謂不證自明的真理。「**人人**，」他們告訴我們，「生而平等。」這一定是個新發現；如今我們首度得知，一個孩子在他出生的那一刻，就與他的父母擁有同等的**自然**權力，與行政官擁有同等的**政治**權力。

「生命權、自由權和追求幸福的權利」——他們這些話若有任何意義，想必是指**享有**生命、**享有**自由並**追求**幸福的權利——他們認為「**不可剝奪**」。他們認為這是「**不證自明**」的真理。同時，為了確保這些權利，他們同意應該建立政府。他們沒有察覺，或似乎不願察覺，稱之為政府的東西，無一例外，從來不是、也不可能不以這些權利中的某一個為代價。——也因此，從來只要實行政府，這些被假稱不可剝奪的權利，總有某一個其實被剝奪了。

圖謀顛覆合法政府的一群人會透過一團文字的雲霧試圖掩蓋他們的圖謀，會試圖剷除區別暴政與合法統治的標準，一點也不令人驚訝。但顯然頗令人驚訝的是，他們所提出的原則，與他們現下的行為如此不相符合。如果享有生命的權利不可剝奪，那他們對陛下屬地加拿大省的入侵從何而來？無端傷害該省許多居民的生命所為何來？如果享受自由的權利不可剝奪，他們當中許多愛好和平的陛下子民，為什麼背上莫須有的罪行，僅因為被懷疑不支持他們的巨大惡行，就要被他們監禁起來？如果追求幸福的權利不可剝奪，他們許多其他同胞怎會因為同樣的不公與暴力而生活悲慘，財產被毀，遭到流放，被迫離開他們的朋友與親人？或者，他們要我們相信，他們有某種高人一等的神聖性，某種特權，使得這些事情對全世界其他人都是非法的，對他們卻是合法？或者，在強迫的行為中，在那些剝奪生命或自由，限制對幸福追求的行為中，只有他們因為自己違法所招致，而且是由建立已久而人民已習慣的常規政府所行使的行為，才是不合法的？

這些信條，使他們超越了先前所有狂熱分子最誇張的行為。德國重浸派*確曾提到享有生命的權利是不可剝奪的權利。奪走生命，即使在世俗行政體制內，他們都視為不合法。但是他們沒有再進一步，這點留給美國國會，由他們把不可剝奪的權利再行增加，包括享有自由與追求幸福的權利；——意思是——若有任何意義可言——可以在一個人認為他看到幸福的任何地方，透過他認為可行的任何手段追求：——意思是，所有的刑罰法律——包括他們與其他人所制定的——只要影響生命或自由，就是違反上帝的

* 譯注：重浸派（Anabaptist）是宗教改革運動的一個激進教派，教派成員不承認嬰兒時受的浸禮，認為只有在公開懺悔並確認信仰後所行的成人浸禮才是唯一正確的浸禮。

法則以及人類不可剝奪的權利：——意思是，不能限制小偷偷竊，殺人者殺人，反叛者反叛。

因而，他們把斤斧砍向了所有政府的根基；然而在同一句話裡，他們又提及「政府」，提及「成立多年的」政府。對後者，他們給予某種尊重，甚至惠予坦言：「**成立多年的政府，是不應當由於輕微和短暫的原因而予以變更的**。」

然而，他們正打算**變更**一個政府，這個政府的成立與他們本身作為一個社群的存在同時代。他們提出的理由為何？都是些只要有政府存在或可以存在，就向來都一直存在或必須繼續存在的情況。

根據他們自己所提出的內容，他們**原本唯一的不滿**，究竟是什麼？他們實際被徵收的稅金超過他們所能忍受？不；而是他們**可能**被徵收這樣的稅金。他們聲稱的許多**後續委屈**究竟有哪些？他們**實際上**受到政府壓迫？政府**實際上**濫用其權力？不；而是他們**可能**被壓迫；政府**可能**濫用權力。有任何地方，任何想像得到的地方的政府，是其子民不可能被徵收超過他們所能忍受的稅金嗎？是其子民不可能被壓迫，政府不可能濫用權力的嗎？

就我說，這就是他們不滿的**所有總和與實質內容**。因為，從整體審視對陛下和國會的指控，我們可以看見其安排經過刻意的混淆。因此也許值得花時間將這些指控歸納為幾個不同的標題，本來我會在一開篇就將它們分別歸類於這些標題下，但是這篇回應的順序不得不受《宣言》的順序——或失序——而限定。

第一個標題包含**政府**的行為，被指為許多**侵犯**和**強取豪奪**的行為，且只以現任國王與他的國會為指控對象，但這些是歷任國王與他們的國會也都持續行使的行為。

這個標題下的所有項目中，有哪一項他們所聲稱的權力，是現任政權所行使，而未由前任國王與國會所持續行使的？只要看看在國王威廉三世在位第九年時所擬定，以洛克先生和其他人為對象的貿易委員會的專員任命和指示即可。看看國王和國會對殖民地行使了哪些權力。專員受命調查並報告的，僅限於國王與國會對殖民地有權控制的事務。如今專員奉命調查——墾殖地的情況，「以及與墾殖地貿易相關的**政府治理與司法的實施**」；——調查使墾殖地「**對英格蘭最有益而有用；可以鼓勵種植主食與生產製造品**」的方法；——「調查**使它們轉向其他貿易的方法**」。此外，他們受命「**審視並評量墾殖地的議會法案**」；——「**闡明它們對王權、王國或墾殖地本身的用處或損害**」。——更進一步，他們受命「**要求墾殖地議會提出所有為公共用途而收受之金錢的帳務說明，以及這些資金現在或過去如何花費或使用**」。當今政權有哪一項行為不落在這些指示的某一條之下？

因此，我們面前這幾條指控所抱怨的權力，是受到其行使所支持的；它們是在革命*過後不久所構想出來，與作出上述這些指令的時間相同；如果它們**僅僅**受到這樣的行使所支持，由於這樣的行使與殖民地存在的期間同時，這便表示，在這些權力得以遂行的所有期間，它們都是獲得殖民地的默許與肯定的；——不僅如此，這些權力的合法性也與王權的多數特權，以及人民的多數權利，受到同樣的支持；——這些權力的行使，不可能被視為強取豪奪或對權利的侵害。

事實是，對於這些權力的行使，殖民地不僅默許，也**明白地**表示同意；如同大不列顛的任何屬民都會同意接受英國國會的法案。看看國會上下議院的議事錄；看看殖民地議會的會議紀錄；這些權力的合法性在無數場合獲得殖民地議會法案的明白承認。在先前的國王統治期間，這些殖民地議會的請求所使用的語言，與他們在現任國王治下所採用的語言迥然相異。請求在特定情形下不要實行這些權力時，他們正承認了其合法性；行使它們的權利一般而言受到承認；他們請求在特定情況下擱置這個權利的行使，唯一的理由是**造成不便**。

讓北美殖民者更無理由抱怨這些權力之行使的原因是，他們自己正是靠著持續行使同樣這些權力，才以前所未有的活力與速度成長：在其他社群還來不及扎根的一段時間裡，他們已經長出了茂盛的樹枝。他們的農業發達，以至於——我們被告知——「除了餵飽他們自己日益成長的人口，他們每年的出口量已超過一百萬」；他們的貿易繁榮，以至於——我們被告知——「已經增長到遠遠超越了最樂觀的想像」。他們的武器如此強大，以至於他們公然反抗僅僅一世紀前才讓他們得以存在的國家的聯合部隊；不過幾年前，這個國家才為了防衛他們，迎戰並擊敗了幾乎全歐洲的聯軍。

如果權力的行使透過實際使用而確立，透過明白宣示而受承認，因其良好效應而獲肯定，卻仍能成為反叛的理由，世界上便以前、現在而未來都無任何臣民沒有充分理由反叛了：以前、現在和未來，也不可能在地球上建立任何政府。

第二個標題包含法案，其明言的目標是對他們體制的維持或修正。通過這些法案是為了讓他們**商業**交易的過程不受阻礙，或是促進司法的施行，或是在他們的體制中使不同權力更為平等；或是防止與他們體制精神不符合的法庭之建立。

＊譯注：原文只寫 Revolution，可能會與美國革命混淆，此處應是指十七世紀後期在英國發生的光榮革命，這場革命是英國君主立憲制的開端。

陳述出這些法案的目的，便顯示了它們的正當性。它們不可能是**暴君**的法案：它們絕對**不是強取豪奪**的法案；因為不牽涉到新權力的取得。在從前的國會下，在從前的國王統治下，就曾有**海關**官員被派往美洲；就曾在那裡建立海軍法庭（Courts of Admiralty）。由於貿易與人口增加，為了殖民者的**便利**，也為了消除**他們自己**因為向英國訴願會導致延誤的不滿，上下議會在現任國王治下設立了關稅局（Board of Customs），以及海軍上訴法庭（Admiralty Court of Appeal）。聽到關稅局和法庭的設立被當成**強取豪奪**的證據，著實奇怪；而且在同一文件的同一句話中，還聽到一個主要的**抱怨**是陛下拒絕同意行使一項更大的權力：——這項權力的行使，也就是建立新的司法法庭，可能是危險的。他在一個情況下可以做的事情，若在另一個情況下做，不可能是不符合體制的。在從前的國王治下，特許狀曾被修改；在現任國王治下，一個特許體制被視為不符合良好秩序和治理的目標，因而經過修正。

第三個標題是在當前情況下（pro re natâ）通過的臨時法案，每一個法案的目標都是要補救某個臨時的惡事，有效期間也限於這個惡事存在的時間。

這些法案中也都沒有採取任何新的權力；只有一些例子中權力行使的對象是新的。這些事情中沒有一件是從前的國王與國會在同樣情況下不會做的。同樣的情況以前不曾存在，因為直到現任國王的統治，殖民地從未膽敢質疑國會的最高權威。

歸類在這個標題下的指控，沒有一個能夠稱為**不平事例**。臣民會不滿，只能在他對國家的法律**善盡應有的服從**，但他既有的權利卻沒有受到保護的時候。從他**不再服從**之後，他就放棄了**受到保護**的權利。而為使他重新服從所採取的手段，不論如何嚴厲，都不能被稱為不平事例；尤其若那些手段是在達成目標的那一刻就會止息。

最後一個標題下包含自我防禦的行為，之所以行使，是殖民地已經開始反抗所**導致**的，但是在《宣言》中，這個自我防禦的行為卻被說成是激起反抗的壓迫行為。陛下可曾切斷他們與世界各地的貿易？是他們先嘗試切斷大不列顛的貿易。陛下可曾下令奪走他們的船隻？是他們先燒掉國王的船隻。陛下可曾派遣軍隊去教訓他們？是他們先興兵反抗國王的權威。陛下可曾教唆印第安人攻打他們？是他們先教唆印第安人攻打國王的軍隊。陛下可曾下令他們的俘虜在他的船隊上工作？他只有使他們免於絞刑。

有些人不恰當地稱這些行為是「**懲罰行為**」。於是我們被帶著羞辱意味地問道：「什麼？你們沒有審判、沒有聽取證據，就要懲罰嗎？」而不論是平常或特殊的懲罰，不論是**起訴**、**彈劾**或**褫奪權利**法案，無疑都應先經過司法檢視。然而，這個標題下的行為並非懲罰行為，而是如我們一直所說的**自我防禦**行為。這些行為不會、也不可能先行經過司法檢視。比起我們能提供的任何定義，一兩個例子即足以凸顯懲罰行為與自我防禦行為之間的差異。曾經有武裝的生產工人起義，迫使他們的主人為他們增加工資；曾經有武裝的平民起義，迫使農人以更低的價格出售產品。曾經有文職地方官無法弭平叛亂，因而召喚軍隊解圍。但有人會認為，軍隊是被派去懲罰叛亂者嗎？曾經有叛亂者反抗軍隊，一如他們反抗文職地方官；曾經，因為這樣的反抗，有些叛亂者被殺死：——但有人會認為因而被殺的人，是受到**懲罰**嗎？不能說這些人是受到懲罰，就如縱火者葬身在他違法點燃的房子廢墟底下，也不能說是懲罰。再舉一個更接近現在的例子。當坎伯蘭公爵（Duke of Cumberland）率領國王的**外國與本土**軍隊對抗蘇格蘭叛軍時，有人認為他是被派去**懲罰**叛軍的嗎？——顯然不是。——他是被派去保護盡責而忠誠的子民，他們依然在國王的和平保護下，保護他們不受破壞和平的叛軍蹂躪。——有人會說那些在卡洛登（Culloden）戰役中陣亡者是被**懲罰**的男子嗎？若有人說，國王不應該在叛亂者接受司法聽證並判刑前就派軍隊去對抗蘇格蘭的叛亂者，這個人會被認為是清醒的嗎？難道不是每個人都覺得，要正當化這些自我防衛行為，**唯**一需要知道的事實很簡單，只有一個：——有人武裝反抗國王的權威嗎？——有誰不認為，這個事實不需要經過司法調查才能確認？如果國王陛下揮兵進入蘇格蘭的時候，沒有武裝的男子集結；如果在他逼近時，他們因為太過恐懼而放下武器投降，或是解散並默默地各自回家了，會是什麼後果?文職地方官會搜尋並逮捕那些**確實**曾拿起武器的人；把他們帶到法庭：法庭將會進行審判，根據個別嫌犯是否有罪的證據，宣判他們的刑罰或無罪釋放。叛軍沒有投降，沒有放下武器，沒有解散；他們反抗公爵：接著是一場戰役：有些叛軍逃走，其他人被殺死，還有人遭俘虜。只有**最後**那一種人會被帶到法庭受審並被判刑，才會遭到**懲罰**。但既然如此，這些行為被歸類為不平事例，又是什麼邏輯?

就是這些行為——這些符合體制而此前**無可爭議**的權力之行使，在這篇厚顏無恥的文件中用來詆毀一個愛國國王的行為——使得「一個君主……的品格已打上了暴君行為的烙印」；使他「不配做自由人民的統治者」。就是這些行為，這些符合體制而此前無可爭議的權力之行使，讓大陸會議的成員宣告他們與他們的選民「取消一切對英國王室效忠的義務」；宣布「和大不列顛國家之間的一切政治關係從此全部斷絕」。他們用這種瀰漫整篇宣言的偽善，假裝這個事件不是他們自已所招致的；假裝這是強加於他們的；假裝他們只是「**不得不宣布和我們脫離**」，迫使他們此後對待我們就如同「對待世界上其他人一樣……**和我們作戰，就是敵人；與我們和好，就是朋友**」。

這份宣言讓其他人有何感想我無從得知。在我看來，我坦言，它似乎一定——借用一名偉大演說家的話——「是為我們效力的好事一件」。我們可以合理設想，派系爭論的嘴巴將會閉上；看不見或不願看見美國人早想追求獨立的眼睛，將會打開；全國上下將團結一心，讓這群反叛的人民明白，**說要斷絕**與我們的關係是一回事，**真正斷絕**關係是另一回事；要**完成**他們的**獨立**，不像**宣告**獨立那樣容易：**與他們之間沒有和平，除非國王同意：與他們之間沒有戰爭，只有被冒犯的公義者對罪犯所發動的戰爭**。——我希望，我們同樣將**不得不**接受所有必要負擔，盡所有必要努力，讓這群忘恩負義而一心反叛的人民，回歸到他們意欲棄絕已久而如今終於膽敢棄絕的效忠關係之下。

原文出處：[John Lind and Jeremy Bentham,] *An Answer to the Declaration of the American Congress* (London, 1776), 119–132.

5.《法蘭德斯省宣言》〔節選〕（一七九〇年一月四日）

即將閱讀或聽到這些字句的人，法蘭德斯代表會議向您致意。

由於天意眷顧，我們斷絕了與以其統治損害法蘭德斯利益的一名君主和其王朝之間的關係，藉此恢復了天生的自由與獨立權利，我們有必要為現在與未來的世代，敘述是哪些事件引發並完成了這場幸運的革命。

法蘭德斯由於土地肥沃、地點絕佳，以及人民天生勤奮，只要統治君主居住於境內時，一直享有自然而然且從不間斷的繁榮。昔日的法蘭德斯伯爵與後來的勃艮第王朝君主都在其子民之間出生長大，因此與他們共享同樣的原則。他們由國家利益所引導，依照人民的精神塑造他們的行為。他們尊重傳統的權利、特權、自由與義務免除，這些在本質上與自然人權與公民權利沒有不同。

他們理解，他們在莊嚴的就任儀式中透過誓言與國家之間建立的關係不可侵犯。如果君主和臣民間意見不同，由於他就在左近，使得雙方可以快速達成妥協，避免危險的後果。在溫和而公正的政府支持下，法蘭德斯似乎毫不費力便獲得了偉大的成果。根特與布魯日的光輝與財富無可匹敵。整個法蘭德斯給人的印象是單一而團結的城市。法蘭德斯伯爵勃艮第的菲利普（Philip of Burgundy）的宮廷，無疑是歐洲最傑出的。

這位君主也在布魯日創立了金羊毛騎士團（Order of the Golden Fleece），至今仍聞名歐洲。在如今假稱要教育我們的奧地利仍陷於野蠻的時代，法蘭德斯與比利時便已成為藝術與科學的中心。

這樣的繁榮持續增長，直到馬克西米利安大公（Archduke Maximilian）與勃艮第的瑪麗公主聯姻後，法蘭德斯為奧地利王朝所接管。

這場聯姻標示著法蘭德斯盛世的頂點與衰落的開始。法蘭德斯成為奧地利王朝統治的諸多領地之一後，成為只具次要重要性的國家，連它的君主可能都對它感到陌生，因為它與這些君主所居住，首要的奧地利土地相隔遙遠……

……無可爭議的是，皇帝打破了他與我們的所有協議。由於他違反了與社會之間和他即位時所形成的約定，他也讓我們國家得以斬斷順服的枷鎖。不僅如此，對於我們屢次謙卑地請求改善，他直到最後時刻仍置若罔聞。皇帝對我們發動戰爭，使我們不得不以武力迎戰武力，並奪回萬國法賦予勝利方的所有權利。若皇帝征服我們後，便有權利以對待被征服的民族的方式對待我們，正如皇帝的全權公使在〔一七八九年〕十一月二十日的宣言中所說，那麼，萬國法與相互性的自然法，亦准許我們被成功眷顧的一方拒絕他要我們服從的主張，進入完全自由與獨立的狀態。

因此，依照我們先前的決議與宣言，在知曉我們意圖之正當的全世界最崇高的正義前，我們以這個省分的人民的名義，鄭重宣布，這個省分從此是自由和獨立的國家，並且按其權利也必須是自由和獨立的國家；取消一切對法蘭德斯伯爵、皇帝約瑟夫二世與奧地利王朝效忠的義務。我們更宣布，各級平民與軍隊個人成員取消並脫離對前述皇帝的一切服從與忠誠。我們更宣布，所有官員、法官、封臣與其附庸，不論屬性或位階，不再受縛於任何協議，或對身為法蘭德斯伯爵的皇帝所宣誓或應盡的任何義務。

我們禁止任何官員、法官、雇員和其他人使用或利用前法蘭德斯伯爵的頭銜或紋章。我們命令他們使用這個省分的封印和紋章，直到收到進一步指示。所有正式法案、公文和信件若以其他方式通過、簽署或封緘，都將視為無效。

為實行這些指令，我們下令前法蘭德斯伯爵、皇帝約瑟夫二世的封印和紋章應立即移交給法蘭德斯代表會議。

此外，我們宣布並下令，此後不得鑄造上有前任伯爵紋章的錢幣。完成進一步安排以前，目前在此省分使用的貨幣仍為法定貨幣。

我們宣布，大議會（Great Council）對此國家與其居民的管轄權，此後無效。

我們要求，在這份宣言印刷發布後，張貼於法蘭德斯省平時張貼的地方和任何有需要的地方，使無人得以聲稱不知悉其內容。

我們下令，由這份文件設立為主權司法議會（Sovereign Council of Justice）的法蘭德斯議會（Council of Flanders）成員，應如期奉行並確保他人奉行這些指示的完整內容。在我們的集會中簽署並用印，一七九〇年一月四日。

原文出處：J. F. Rohaert, *Manifeste de la Province de Flandre* (Ghent, 1790), 3–5, 22–24 (translated).

6.《海地獨立宣言》(一八〇四年一月一日)

海地大將軍致海地人民

諸位公民：

多少年來，野蠻人以血漬染了你們的國家，僅僅將他們逐出是不夠的——那些相繼而起的派系宣揚著法國人承諾的虛假自由，僅僅抑制了他們也是不夠的。我們必須透過最後一個國家權威的行為，確保自由的帝國永存於這個孕育我們的國家。非人道的政府想要重新奴役我們，讓我們的精神重新陷入此前那種恥辱的愚鈍狀態，我們必須消滅他們一切這樣的期待。最後，我們必須獨立地活著，或死去。不獨立，毋寧死！讓這些神聖的字句召喚我們——成為戰鬥的信號，成為我們重新團結的信號。

諸位公民——同胞們——在這莊嚴的一天，我聚集了那些勇敢的領袖，他們在自由即將消逝的前夕，不吝惜灑落自己的鮮血以保存它。這些將領為了你們與暴政抗爭，而這是未盡的工作。法國的名號仍在我們的平原投下陰影：一切事物都令人想起那個野蠻民族的殘酷行為。我們的法律、習俗與城市，所有事情都帶著法國的特徵，——聽我所言！——法國人在我們的島上仍有立足處！你們以為你們是自由的、是獨立於這個共和國的嗎？誠然，這個共和國與每個民族都鬥爭過，但從未征服過那些追求自由的人！聽我說！十四年來，我們一直受害於自己的輕信和忍耐。征服我們的不是法國軍隊，而是他們代理人的虛假辭令。我們何時才會厭倦與他們呼吸同樣的空氣？我們與那個滿腦血腥的民族有何共同之處？他們殘酷，我們溫和；他們的膚色與我們不同；我們與他們遠隔重洋；我們當中的復仇情緒——這些都明白告訴我們，他們不是我們的兄弟；他們永遠不可能成為我們的兄弟；如果我們庇護他們，他們仍舊會挑起我們的紛擾與分裂。諸位公民，男人和女人，老人和少年，將你們的眼光投向這座島嶼的每個角落；在那裡找尋你們的妻子、丈夫、兄弟、姊妹——聽我說！找尋你們的孩子——你們仍在哺乳的孩子，他們下場如何？說出來使我顫慄——**禿鷹的獵物**。與其看到這些受害者，驚嚇的眼睛只看到殺害他們的人——身上仍沾滿他們血跡的老虎，牠們令人恐懼的存在是一種責備，因為你們的冷漠無感和遲於為被害者復仇的罪惡——你們還在等什麼，是為了安撫牠們嗎？別忘記，你們曾希望在驅逐暴政之後，可以葬在你們的父親身旁——難道你們還沒為他們復仇，就要埋骨於他們墓中嗎？不：他們的屍骨將拒絕你們的屍骨。然而，你們這些珍貴的人，無畏的將領，無視於私人的苦難，灑落你們的鮮血而為自由注入了新生命；要知道，你們必須為各國立下恐怖但公義的例子，讓他們看到自豪於收復自由並熱切要保護自由的民族所應展開的復仇。對於膽敢嘗試再度剝奪我們自由的人，我們要威嚇他們：就從法國人開始；讓他們接近我們海岸時就瑟瑟發抖，如果不是為了他們曾犯下的殘酷行為，至少是為了我們會帶來的可怕結局——任何以其褻瀆的腳步玷汙這片自由領土的法國人，都將被我們送上黃泉。

我們膽敢自由——讓我們持續為自己保持自由；讓我們仿效成長中的孩子；他憑自己的力量扯斷了學步帶，因為那對他走路已經成為無用而礙事的東西。與我們鬥爭的民族是誰？是誰會收割我們勞動的果實？為了成為奴隸而征服是多麼可恥的荒唐之事！

奴隸——把這可憎的渾名留給法國人；他們的征服讓他們失去自由——讓我們追隨不同的腳步；讓我們仿效其他民族，他們的掛念延伸至未來，因為害怕留下懦弱的典範給後代，他們寧願被消滅，也不願從自由民族的名單上被抹除。讓我們同時小心注意，別因為想要強迫別人改變而毀了我們的努力——讓我們的鄰人安心呼吸——讓他們在自己訂定的法律保護下和平生活；讓我們小心不要成為革命的煽動者——不要把自己變成安地列斯群島的立法者——不要把破壞鄰近島嶼的寧靜視為一種光榮；它們並未像我們居住的島嶼一樣，被無辜島民的鮮血浸染——對於保護他們的權威者，他們沒有要報的仇；他們有幸從未經歷過摧毀我們的禍害，必然對我們的後代給予祝福。

我們與鄰人和平相處，但詛咒法國之名——對法國我們永懷怨恨：這就是我們的信念。

海地的本土人民——我的命運是成為一個哨兵，守護我們如今為之犧牲的自由。我在為了你們的戰鬥中變老，有時幾乎是孤軍奮戰；如果我曾有幸將你們託付給我的神聖之物交到你們手中，請記得，如今是你們要保護它。在為你們的自由而戰時，我也在為自己的幸福而努力：在用法律保障我們的個人自由，從而鞏固自由之前，由我召集於此的你們的領袖，還有我，必須在此最後對你們證明我們的全心奉獻。

諸位將軍和其他領袖，讓我們為了國家的福祉而團結在一起：這一天已經到來——讓我們的榮耀和獨立永存的日子到來了。

若你們當中有人的心是冷淡的，讓他退出，想到要說出團結我們的誓言就瑟瑟發抖。讓我們對全世界、對後代子孫、也對我們自己立誓，永遠棄絕法國，寧死也不活在它的統治下——為我們國家的獨立戰鬥到最後一口氣。

而你們，身處悲慘境地太久了的人民，見證我們現在的誓言：請記得，在我初投身自由事業、對抗專制和暴政的時候，我依靠的是你們的忠誠和勇氣，而今這場鬥爭已持續十四年之久；別忘記，我犧牲了一切來捍衛你們——父母、孩子、財富，而現在我僅有的財富就是你們的自由——如今我的名字讓所有奴隸制度的支持者或專制君主聞風喪膽；暴君提起我的名字，只會咬牙切齒地詛咒我出生那天；若有一天，看顧你們命運的保護天使為了你們的幸福才授予我的法律，被你們拒絕接受或是帶著埋怨才接受，你們將會落得忘恩之人的下場。但我要拋開這個可怕的想法：你們將是你們珍愛的自由的守護者，也是統率你們的領袖的支柱。

因此，誓言你們將自由而獨立地活著，寧可死亡，也不接受再度將你們置於枷鎖之下的任何事情；誓言永遠不放過出賣你們的獨立地位和與之為敵的人。

J．J．德薩林（J. J. DESSALINES）

哥奈夫總部

獨立元年，一八〇四年一月一日

原文出處：Marcus Rainsford, *An Historical Account of the Black Empire of Hayti: Comprehending a View of the Principal Transactions in the Revolution of Saint-Domingo; with its Ancient and Modern State* (London, 1805), 442–446.

7.《委內瑞拉獨立宣言》（一八一一年七月五日）

以全能上帝之名，

我們卡拉卡斯、庫馬納、瓦里納、馬加里塔、巴塞隆那、美里達和杜魯西羅聯合省分的代表，組成委內瑞拉美洲邦聯（American Confederation of Venezuela），在南美大陸召開大會，審議對我們權利的完全與絕對擁有，我們在一八一〇年四月十九日公正而合法地取回這些權利，原因是在巴約納（Bayona）發生的事情：西班牙王位被征服者占領，由未經我們同意即組成的新王朝繼任。這些權利被武力剝奪超過三個世紀，如今透過人類事務的政治秩序歸還給我們，在使用這些權利之前，我們希望將源自上述事件的原因向世界宣布，這些事件使我們有權自由運用我們的主權。

儘管如此，我們不願一開始即聲言每個被征服的國家所固有，恢復其自有與獨立狀態的權利；我們大方遺忘征服這一惡劣權利所導致的一長串不幸、傷害與剝奪，這使這些國家的發現者、征服者與墾殖者後代，因為本該有益於他們的原因而陷入更壞的境況；我們也不提西班牙在美洲的三百年統治；現在我們僅提出真實而廣為人知的事實：在已經消滅西班牙王國的顛覆、失序與征服之下，一個世界管轄另一個世界的權利早該被奪回。

這種失序已經增加了美洲的問題，使我們的主張與抗議變得無效，使得西班牙總督得以傷害並壓迫西班牙王國的這個地區，使其毫無救濟方式與法律保障。

美洲的領土遠比西班牙遼闊，人口數量亦超過西班牙不知凡幾，要美洲依賴並從屬於偏處歐洲大陸半島一隅的國家，既違反秩序，對西班牙政府極為困難，也是美洲福祉的致命傷。

在巴約納發生的王位轉讓與遜位，埃斯庫里亞爾（Escurial）與阿朗惠斯（Aranjuez）的革命，以及王室代理人伯格公爵（Duke of Berg）寄到美洲的命令，已足以讓美洲人得回他們為了西班牙的團結與一體而放棄的權利。

首先承認並慷慨保存這個一體性的是委內瑞拉；只要仍存有獲得救贖的一點希望，它就不會拋棄其兄弟的大業。

美洲成為一種新的存在，因為她可以、也應該掌握自己的命運與存續；正如西班牙國王若認為自己的生存優先於他統治國家的尊嚴，那西班牙也可以選擇承認或不承認他的權利。

波旁王朝全員同意無效的巴約納規約，違背人民意願拋棄了西班牙；——他們違反、蔑視更踐踏了與兩個大陸上的西班牙人所約定的神聖義務，儘管是這些人民不顧奧地利王朝，以鮮血與財富將他們送上了王座。這樣的行為，使他們已無資格也沒有能力治理一個被他們當成奴隸一樣雙手奉上的自由民族。

不請自來的政府擅自賦予自己代表權，利用了美洲人因為誠實、相隔遙遠、壓迫與無知，而對透過武力入主西班牙的新王朝的反感；此外，他們違背自己的原則，在我們之間維持支持裴迪南的假象，以便毫無顧忌地吞食與侵擾我們：他們透過浮誇的演說與刻意的用字，承諾我們自由、平等、博愛，為的是掩蓋由他們狡猾、無用而貶低我們的政治代表權所設下的陷阱。

一旦他們解散、取代又破壞了各種形式的西班牙政府，而必要性法則使得委內瑞拉必須緊急自我保存，以守護並維持她的國王的權利，並為她面臨紛擾威脅的歐洲弟兄提供庇護，他們先前的行為就暴露出來了：他們的原則前後不一，他們把從前是西班牙政府典範的行為稱為叛亂、背信和忘恩負義，因為他們原想以想像的國王之名延續的壟斷政權，大門已對他們關閉。

不管我們如何抗議、我們有多節制與寬容，我們的原則有多堅定，與我們歐洲弟兄的期望相反，我們仍被宣告為處於叛亂狀態；我們遭到封鎖；他們對我們宣戰；代理人被派到我們之中，挑撥我們自相殘殺，並且懇求其他歐洲國家協助鎮壓我們，企圖讓我們在他們之間失去信用。

我們的原因從未獲得聽取，也沒有機會宣布給公正的世界評斷，除了我們的敵人之外更無其他法官，我們陷入與我們的弟兄無法溝通的困境；在遭到詆毀之外我們還被蔑視，獲得賦權的代理人在違反我們的明確意志下獲得任命，在他們的議會裡於我們敵人的影響和勢力下，任意地處置我們的利益。

為了壓抑我們自我代表的效果，當他們必須賦予我們代表權時，規模也非常瑣碎而微小；選舉的範圍只限於被動的市政單位，並且為總督的專制所貶抑：這是對我們的坦率與誠實的汙辱，而非真正考慮到我們無可爭議的政治重要性。

對於我們請求正義的呼聲，西班牙政府總是充耳不聞，致力於中傷我們的所有努力，稱我們為罪犯，蓋上惡名的烙印，回報以絞刑臺和財產充公，而我們的所有努力，都是有些美洲人在不同時期，為了他們國家的福祉所做過的：近日，我們自身的安全也迫使我們採取行動，加緊移除了逼近的可怕命運，以防陷入我們可預見的失序。藉由這些惡劣的政策，他們成功使我們的弟兄對我們的不幸漠然無感；使他們對我們拿起武器；抹除了他們胸臆中關於友誼和親緣的甜美印象；將我們大家庭的一部分轉變為敵人。

我們忠於承諾，犧牲自身安全與公民尊嚴，只為了不要背棄我們為波旁王朝的裴迪南所慷慨保留的權利，但我們也看到，在他與法國皇帝之間的強迫關係之外，還加上了血親與友誼的連結；因此，連西班牙政府都已決議只會有條件地承認他。

我們在這個慘淡的情況中已經三年，處於政治上缺乏決策與模糊的狀態，單憑這個極為致命而危險的狀態，便足以賦予我們做此決議的權力，雖然我們出於信守承諾和兄弟情誼而一再延遲，直到不得不在西班牙政府敵意而違反自然的行為下，超越我們原先的想法，卸下我們有條件的誓言，聚集在此，行使我們莊嚴的代表權。

但是我們的會議立基於比較妥善的原則，我們引以為榮，不希望將我們的福祉建立在人類同胞的不幸之上，因此，與我們因血緣、語言和宗教而相連，之前曾經遭受同樣的不幸之人，我們一律視同並宣告為我們的朋友、命運的同伴，和福祉的共同參與者，只要他們承認我們絕對獨立於西班牙和任何外國勢力之外，也願意以他們的生命、財富與情感協助我們維持這個狀態。我們宣告並承認，他們（以及所有其他國家）和我們作戰，便是敵人，與我們和好，就是朋友、兄弟與共同的愛國者。

這些有憑有據、公開而無可爭議的政策原因，強烈地催促我們必須恢復我們天生的尊嚴，這是經由人類事務的秩序而回歸給我們的；同時，各國享有不可剝奪的權利，得以摧毀所有與建立政府的目標不符合的約定、協議或關係；因此，我們認為我們不能、也不該保存我們此前與西班牙政府的連結：而如同世界上所有其他國家，我們有自由也有權利不依賴自己以外的任何其他權威，並且在世界各國間取得至高者與自然賦予我們的平等地位，這是人類事務發展過程召喚我們去做的，也是為了我們自己的福祉與效用。

我們明白，我們即將在世界政治秩序中取得一席之地將會伴隨著困難，和為此要承受的義務；我們也明白形式與習慣的強大影響，這是我們不幸所熟悉的：但我們也知道，在可以拋下它們的時候仍屈辱地順服，對我們而言，會比漫長而痛苦地受人奴役更為可恥，對我們的後代也更為致命，而現在我們責無旁貸，必須為我們的存續、安全與福祉做好準備，根本上就是要改變我們先前體制的所有形式。

因此，基於目前所提出的理由，並考慮到對於世界輿論，以及我們即將加入其行列、並仰賴其交流與友誼的其他國家的尊嚴，我們已經表達了尊重：我們，委內瑞拉聯合省分的代表，呼喚至高者見證我們程序的公正和意圖的正當，並懇請祂給予神聖與天上的助力；在我們因祂的護佑而得回尊嚴的那一刻，我們正式批准我們想要自由而生並自由而死的意願，並且相信和捍衛神聖天主與使徒的耶穌基督的信仰。因此，我們以委內瑞拉善良人民的名義，依照他們的意志並經他們授權，向全世界鄭重宣告，從今天起，委內瑞拉聯合省分透過此法案與權利，理所應當地成為自由、主權而獨立的國家；取消一切對西班牙國王，或自稱為其代理人與代表人的順服與依附；而依此所成立的自由和獨立國家，有權採用符合人民普遍意志的政府形式，宣戰、締和、結盟，並管理通商、邊界與航海的條約，採取和其他自由獨立國家一樣的一切行動。為了讓我們莊嚴的宣言有效、堅定而歷久不衰，我們以我們的生命、財產和我們國家名譽的神聖連結在此宣誓。於卡拉卡斯聯邦宮殿完成；由我們親筆簽署，以邦聯臨時國璽蓋印，並由大會祕書連署，在此獨立元年，一八一一年七月五日。

原文出處：*Interesting Official Documents Relating to The United Provinces of Venezuela* (London, 1812), 3–19.

8.《紐西蘭獨立宣言》（一八三五年十月二十八日）

1.我們，紐西蘭北方部落的世襲酋長與領袖，在今天一八三五年十月二十八日聚集於島灣（Bay of Islands）的懷唐伊（Waitangi），宣布我們的領域獨立，就此以紐西蘭聯合部落（The United Tribes of New Zealand）之名，組成並宣告成為獨立國家。

2.在此宣告，紐西蘭聯合部落領域內的所有主權與管轄權，完全為部落世襲酋長與領袖集體所擁有與專有，他們也宣告，不准許他們以外的任何人制定法律，或是在上述領土內行使政府功能，除非是由他們所任命之人，並依照他們在固定議會中制定的法律行事。

3.部落世襲酋長與領袖同意於每年秋天在懷唐伊集會，制定法律以實行司法，保存和平與良好秩序，以及管理貿易；他們並誠摯邀請南方部落放下私人宿怨，考慮到我們共同國家的安全與福祉，加入聯合部落聯盟（Confederation of the United Tribes）。

4.他們也同意將此宣言副本送交給英格蘭國王陛下，感謝他承認他們的國旗；對於定居在他們土地上或到其海岸從事貿易的國王子民，他們提供了友誼與保護，也準備繼續這樣做，作為回報，他們懇請國王繼續擔任他們剛誕生的國家的大家長，並保護其獨立不受任何外力破壞。

在此一八三五年十月二十八日，在不列顛國王陛下的公使面前，全體一致同意通過。

原文出處：*Fac-Similes of the Declaration of Independence and the Treaty of Waitangi* (Wellington, NZ, 1877), 4.

9.《德克薩斯人民代表一致通過之獨立宣言》
（一八三六年三月二日）

政府之正當權力源自人民，並為了促進人民的幸福所建立，當一個政府不再保護其人民的生命、自由與財產，也不再保障人民無價與不可剝奪的權利，反成為邪惡統治者手中壓迫的工具時；當他們誓言支持的聯邦共和體制不再實質存在，當政府的性質未經他們同意而被強制改變，從主權國家組成的有限制的聯邦共和國，成為中央集權的軍事專政體制，只照顧軍隊與教會的利益，而這兩者是公民自由的永恆敵人，供權力差遣的奴才，和暴君慣用的工具；當憲法的精神早已消失，手握權力者失去節制，連自由的表象都已不再，而憲法的形式已然中斷；當代表人民請願和抗議的代理人被丟進大牢，而傭兵軍隊被派遣出動，用刺刀尖將一個新政府強加於他們身上。

當政府這些惡意和挾制的行為造成無政府狀態橫行，而公民社會消解成為其原始成員，在這樣的危機中，首要的自然法則，即自我保存的權利，以及人民天生而不可剝奪，以第一原則為訴求，在極端情況中奪回對政治事務之掌握的權利，驅使他們為了自己，也為了對後代的義務，不得不廢除這樣的政府，建立一個新的來取代它，以將他們從即將來臨的危險解救出來，並且保障他們的福祉與幸福。

國家以及個人的行為必須禁得起人類輿論的考驗。因此，我們把一些不平事例，向公正的世界宣布，顯示我們現在有正當理由採取危險但無可避免的行動，斷絕我們與墨西哥人的政治關係，在世界各國間取得獨立地位。

墨西哥政府透過其殖民法，邀請並吸引德克薩斯的盎格魯－美國人口墾殖其荒野，並以憲法明文承諾，他們將持續享有憲法賦予的自由和共和國政府，這是他們在出生地美利堅合眾國已經習慣的。

在這個期望上，他們深深失望了，墨西哥默許了安東尼奧·洛佩斯·德桑塔·安納（Antonio Lopez de Santa Anna）將軍近日對政府體制的修改，他廢除了自己國家的憲法後，如今提供我們冷酷的選項，若不拋棄我們千辛萬苦獲得的家園，就得屈從最令人無可容忍的暴政：武力與教會結合的專制統治。

墨西哥為了科亞維拉州（Coahuila）犧牲我們的福祉，在遙遠的政治首府，由懷抱敵意的多數代表以陌生的語言，透過小器而不公的立法過程一再壓抑我們的利益，而儘管我們謙卑地請求另外成立一個州政府，也依照國家憲法的規定，對國會提供了一個共和體制憲法，卻毫無正當理由地被輕蔑地否決了。

它將我們的一位公民長期囚禁在地牢中，只因為他熱切努力為我們的憲法和建立州政府爭取認可。

它未能提供也拒絕提供穩固的陪審團審判權利，這是公民自由的守護神，也是人民生命、自由與財產唯一的安全保障。

它未能建立公共教育系統，雖然它擁有幾乎無窮無盡的資源（公有土地），而且誠如政治科學有言，除非一國人民受過教育而獲得啟蒙，期待公民自由能持續或有自我治理的能力，只是空想。

它容許駐紮在我們之間的軍隊指揮官行使專斷的壓迫與暴虐行為，踐踏了公民最神聖的權利，讓軍隊凌駕於民政權力之上。

它以武力強迫解散科亞維拉與德克薩斯州議會，迫使我們的代表為了保命而逃離政府所在地，剝奪了我們基本的政治代表權。

它要求我們交出某些公民，命軍隊分遣隊把他們抓起來，帶到內陸接受審判，完全不顧民事當局，也違反法律和憲法。

它像海盜般攻擊我們的商貿，委託外國的亡命之徒，授權他們搶奪我們的船隻，將我們公民的財產運送到遙遠的港口充公。

它不讓我們依照自己良心的指引崇拜上帝，而是支持國家宗教，以此促進神職人員的短暫利益，而非又真又活的神的榮耀。

它要求我們送上我們防禦所必需的武器，那是自由人的正當財產，而且只有暴虐的政府會畏懼這些武器。

它從海上與陸地入侵我們的土地，意圖毀滅我們的領土，將我們逐出家園；如今更已派遣一支傭兵大軍逼近，要對我們發動滅絕的戰爭。

它透過其密使煽動殘忍無情的蠻族，帶著戰斧和剝頭皮的刀子，屠殺我們全無防禦的邊境居民。

在我們與它維持關係的整個期間，它始終是接連不斷的軍事革命可鄙的玩物與受害者，而且持續展現出一個軟弱、腐敗而暴虐政府的所有特質。

以上和其他的不平之事，德克薩斯的人民一直逆來順受，直到忍耐已不再是美德的地步為止。我們接著拿起武器，捍衛國家憲法。我們籲請我們的墨西哥兄弟援助：我們的請求只是徒勞；雖然已經過了數月，我們仍未收到來自內陸的同情回應。因此我們不得不做出悲傷的結論：墨西哥人已經默許他們的自由被摧毀，由軍政府統治所取代；他們也默認了自己不適合擁有自由，沒有能力自我治理。

因而，自我保存的必要性，如今指令我們兩方永遠在政治上分離。

因而，我們，德克薩斯人民的全權代表，嚴肅地在此集會，對公正的世界表明我們因為境況而必須做的事情，在此決議並宣布，我們與墨西哥的政治關係已永遠斷絕，而德克薩斯的人民如今組成一個自由、主權而獨立的共和國，擁有獨立國家應得的所有權利與特性；而且，由於知道我們的意圖正當，我們無畏而自信地將這個問題，交由國家命運的最高仲裁者決定。

原文出處：*The Papers of the Texas Revolution, 1835–1836*, gen. ed. John H. Jenkins, 10 vols. (Austin, 1973), IV, 493–496.

10.《賴比瑞亞聯邦人民代表通過之獨立宣言》（一八四七年七月十六日）

我們，賴比瑞亞聯邦的人民代表，在此集會，獲得授權組成新政府，並仰賴人類事務偉大仲裁者的援助與保護，在此以聯邦人民的名義並代表他們，公布並宣告前述聯邦為一自由、主權而獨立的國家，名為賴比瑞亞共和國。

這個共和國的人民認為他們應該取得新地位，就此向世界各國宣布的同時，出於對各國意見的尊重，有必要提出簡短聲明，說明是哪些原因使他們先是脫離了出生的地方，在這片蠻荒的海岸建立定居地，如今又透過獲取主權與獨立來組成他們的政府。因此我們敬請世界各國關注下列事實。

我們認為人人都有若干天生與不可剝奪的權利：包括生命，自由，以及取得、擁有、享用並捍衛財產的權利。不同年代之人的實踐與同意已經證明，為了行使、享用並保障這些權利，需要某種政府體系或形式；而每個民族都有權組成政府，而且選擇並採用其體系或形式，只要他們認為那個體系或形式最能達成上述目標，保障他們的幸福，同時不干擾其他人的正當權利。因此，組成政府並取得管理它的一切權力，是不可剝奪的權利，而抗拒它是最嚴重的不公。

我們，賴比瑞亞共和國的人民，原本是北美洲合眾國的居民。

在該國的某些地方，法律將我們排除在人人享有的權利與特權之外——在其他地方，比法律還強大的公眾情緒使我們無法享有那些權利。

我們在任何地方都不得擔任文職。

我們被排除於所有政府參與之外。

我們未經同意即被徵稅。

我們被迫貢獻資源給一個並不保護我們的國家。

我們被歸為一個獨自而不同的階級，而所有改善生活的管道都對我們關閉。來自各個地方的陌生人只因膚色與我們不同就優先於我們。

我們表達了我們的不平，但是沒有獲得理會，或只是被告知，這就是這個國家特有的體制。

我們心中對這個國家會有好的改變的希望全然破滅，我們憂心地望向海外，尋找一個庇護所，以逃離這種深刻的貶抑。

非洲西部海岸是美國人出於善心與仁慈為我們選擇的未來家園。希望在遠離我們故土壓抑我們的影響之後，我們得以享有那些權利和特權，行使並提升上帝賦予我們和其他人類的共同才能。

在美國殖民協會（American Colonization Society）的支持下，我們來到這裡，在向當地國王購買的土地上落地生根。

與這個協會的原始約定中，出於重要的原因，我們將若干政治權力授予他們；而這個組織規定，當人民有能力管理政府，或想要管理政府時，這個組織就會放棄被授予的權力，和平地停止監督他們，讓人民自行治理。

這個組織高貴而誠信地遵守他們的承諾，在其支持與引導下，我們日益成長並繁榮發展。

我們的人數不時因為來自美國的移民，以及本土部族的加入而增加；在情況需要下，我們也不時秉持誠信向當地原住民購買土地，拓展我們的邊界。

隨著我們的領域和人口擴張，我們的商貿也增加了。世界上多數文明國家的旗幟都飄揚在我們的港口，而他們的商人正在開啟正當而有利可圖的貿易。直到最近，他們的造訪總是和諧的，但是隨著他們造訪日益頻繁，來到我們擴張中的海岸的更多地點，有些問題開始浮現，而這些應當是透過兩個主權國家間的協議才能解決。

過去多年，美國殖民協會幾乎已完全退出直接和主動的政府管理，除了指派亦由殖民者擔任的州長，這顯然是為了測試人民管理政府事務的能力，而至今沒有聽說關於立法粗糙、管理失當或行政不佳的抱怨。

有鑒於這些事實，向來以誠信與我們往來的美國殖民協會，秉持這樣的誠信，在主後一千八百四十六年一月，透過一套決議，解除與這個共和國之間的所有政治關係，歸還他們被授予的權力，讓這裡的人民自行治理。

因而，賴比瑞亞共和國的人民不僅有權如此，事實上也是一個自由、主權而獨立的國家；擁有政府的所有權利、權力與功能。

這個共和國的人民在承擔國家地位帶來的重大責任時，認為他們情況的必要性賦予他們正當理由，帶著這個信念，他們自信地將自己交給文明世界的公正考慮。

賴比瑞亞不是一味攫取的野心的產物，也不是貪婪無度的投機的工具。

帶我們來到這片海岸的不是擴張領土的欲望；我們也不相信，幫助我們獲得這個庇護所的人們，高貴的考量中曾有過這麼卑鄙的動機。

賴比瑞亞是逃離最折磨人的壓迫的庇護所。

來到非洲的海岸，我們懷抱的喜悅希望是，我們將被准許發揮和提升那些賦予人尊嚴的才能——在我們心中滋養高貴企圖心的火焰，珍惜並敢於追求夢想，那是仁慈的造物主深植於每個人心中的，而且要對所有蔑視、嘲笑並壓迫我們種族的人表明，我們擁有與他們相同的本質；可以與他們同樣高雅，在所有使人美好與有尊嚴的事物中，有能力獲得平等進展。

驅動我們的希望是，在這裡我們有自由依照應當的方式教育我們的兒童——激勵他們追求正當的名聲，點燃他們心中高貴的慈善火焰，讓他們形成對於人性、美德與宗教的堅定原則。

我們離開故土，永遠拋下童年的景色並切斷最親愛的關係，最強烈的動機之一是想要一個庇護所，在那裡，我們少了恐懼和被騷擾的不安，可以平和而安全地透過敬拜靠近我們祖先的神。

目前為止，我們最高的期望已經實現。

賴比瑞亞已經是數千人美好的家園，他們曾經是注定被壓迫的受害者，而若不受侵擾，賴比瑞亞將能繼續她天生而自發的成長；如果她的行動不受嫉妒、野心和貪婪使人癱瘓的算計所干擾，她會再為數千人敞開大門，他們現在也正以憂慮的眼光尋找可以歇息的土地。

我們的法院對陌生人和公民平等開放，矯正不平之事，補償損害，懲罰犯罪。

我們有多間學校且入學情況踴躍，這證明我們的努力，以及我們提升我們孩子的渴望。

我們用來敬拜造物主的教堂隨處可見，見證我們的虔誠，以及我們對祂庇佑的感謝。

本地非洲人和我們一起在活神的聖壇前躬身，顯示我們雖然弱小，但是基督信仰的光從我們身上傳遞出去，而在我們影響所及之處，那禍害中的禍害，奴隸貿易，則被降下了致命的厄運。

因此，以人性、美德和宗教之名——以偉大的上帝、我們共同的造物主和審判者之名，我們向基督教國家呼籲，並且誠摯而尊敬地請求他們，以我們的特殊情況所應得的同情和友善看待我們，並且給予我們文明和獨立國家間和睦交往的禮遇。

原文出處： *The Independent Republic of Liberia; Its Constitution and Declaration of Independence... with Other Documents; Issued Chiefly for the Use of the Free People of Color* (Philadelphia, 1848), 8–9.

11.《捷克斯洛伐克國獨立宣言》（一九一八年十月十八日）

在此嚴峻時刻，霍亨索倫王朝（Hohenzollern）為了終止勝利的協約國軍隊進逼並防止奧匈帝國與土耳其解體而提出和平，而哈布斯堡王朝（Habsburg）向其統治下不滿的國家承諾帝國聯邦化與自治權，我們，捷克斯洛伐克國民議會，受協約國與美國政府承認為捷克斯洛伐克國與民族（Czechoslovak State and Nation）的臨時政府，完全遵循一九一八年一月六日捷克代表於布拉格通過的宣言，同時明白，在哈布斯堡王朝統治下，聯邦化甚至自治都毫無意義，在此制定並宣布我們的獨立宣言。

我們這麼做，是因為我們認為，沒有一個民族應被迫生活在他們不承認的主權統治下，也因為我們知道並堅信，在哈布斯堡王朝的假聯邦之下，我們無法自由發展，那種聯邦只是新形式的去國族化壓迫，而過去三百年我們已深受其害。我們認為自由是聯邦化的首要前提，同時相信中部與東部歐洲的自由國家若有需要，可以輕易地組成聯邦。

我們根據我們的歷史與自然權利做此宣言。我們自七世紀以來便是獨立國家；並且在一五二六年以波希米亞、摩拉維亞與西利西亞組成的獨立國家身分，加入奧地利與匈牙利的防禦同盟，抵禦土耳其造成的危險。在此聯盟中，我們從未自願放棄作為一個獨立國家的權利。哈布斯堡王朝破壞與我國的約定，違法侵犯我們的權利，並違反他們承諾維護的我國憲法，因此我們拒絕再以任何形式為奧匈帝國的一部分。

我們主張，波希米亞有權與她的斯洛伐克兄弟重新結合，波希米亞曾經是我們國家的一部分，後來被瓜分出去，五十年前被納入馬扎爾人的匈牙利國，馬扎爾人以恐怖暴力和無情壓迫對待他們統治下的種族，已使他們失去統治自己以外的任何人的道德與人性權利。

世人都知道我們反抗哈布斯堡王朝壓迫的歷史，在一八六七年的奧地利－匈牙利折衷方案*後，壓迫變得更激烈而系統化。這個折衷方案只是容許少數對多數行使暴力與剝削的無恥方案；這是德意志人與馬扎爾人針對我們以及王朝統治下其他斯拉夫與拉丁民族的政治陰謀。世人知道我們主張的正當性，連哈布斯堡王朝也不敢否認。法蘭茲·

* 奧地利－匈牙利折衷方案（Austro-Hungarian Dualistic Compromise）：根據一八六七年達成的這個約定，雙方同意匈牙利王國脫離奧地利帝國獨立，並與奧地利共同組成二元君主國（即奧匈帝國）。

約瑟夫以極其鄭重的態度一再承認我們國家的主權。德意志人與馬扎爾人反對這樣的承認，而奧匈帝國在泛德意志人面前屈服了，成為德意志國的殖民地，而且，作為她在東方的前鋒，引發了上一次的巴爾幹衝突，以及現在的世界大戰，這是哈布斯堡王朝所獨自發起的，沒有獲得人民代表同意。

我們無法也不願繼續活在其直接或間接統治下，這些人侵犯了比利時、法國與塞爾維亞，意欲在俄羅斯與羅馬尼亞展開屠殺，殺害了與我們同血緣的數萬平名與軍人，也是這場戰爭中對人性犯下無數殘暴罪行的兩個墮落而不負責任的王朝的幫凶。我們不願繼續從屬於一個沒有正當理由存在的國家，這個國家拒絕接受現代世界組織的根本原則，只是一個不自然而不道德的政治結構，阻礙了朝民主與社會進步發展的每一個舉動。哈布斯堡王朝背負錯誤與罪行的龐大遺產，將持續威脅世界和平，而我們認為，帶來這個王朝的垮臺和崩解，是我們對人類與文明所肩負的義務。

我們拒斥哈布斯堡與霍亨索倫王朝的權力來自天賜的瀆神主張；我們拒絕承認君權神授說。我們民族憑自由意志選擇由哈布斯堡家族登上波希米亞的王座，如今以同樣的權利廢除其王位。我們在此宣告哈布斯堡王朝不配領導我們，並否認他們對統治捷克斯洛伐克土地的所有主張，也在此時此地宣告，捷克斯洛伐克從此是一個自由而獨立的民族與國家。

我們接受亦將遵守現代民主體制的理念，這些也是我們國家數世紀以來的理念。我們接受美國威爾遜總統提出的原則：全人類的自由，國家間的實際平等，以及政府之正當權力是經被治理者的同意而產生的。我們，〔教育家〕康米紐斯（Comenius）的國家，不能不接受《美國獨立宣言》中表達的這些原則，林肯的原則，以及《人權和公民權利宣言》的原則。為了這些原則，我們國家在五百年前重大的胡斯戰爭中灑下鮮血，今日也為同樣這些原則，與俄羅斯、義大利和法國的盟友並肩作戰，灑落鮮血。

在此我們將只勾勒捷克斯洛伐克國憲法的主要原則；憲法本身的最終決定，將交給由自由團結的人民合法選出的代表。

捷克斯洛伐克國將採行共和體制。它將時時追求進步，保障良心、宗教、科學、文學、藝術、言論與新聞的完全自由，以及集會和請願的權利。宗教將與政治分離。我們的民主將以普遍選舉為基石；女性將與男性站在平等的政治、社會與文化立足點上。少數族群的權利將由比例代表制保障；少數民族將享有平等權利。政府將採議會形式，並承認創制權與公民投票的原則。常備軍將由民兵取代。

捷克斯洛伐克國將進行廣泛的社會與經濟改革；大型莊園將收回供國內殖民，貴族的特權將予以廢除。我們國家將承擔奧匈帝國戰前債務中屬於我們的部分；——現在這一場戰爭的債務則留給招致債務的人償還。

外交政策上，捷克斯洛伐克國將接受它在東歐重組中的完整責任。它完全接受國家主義的民主與社會原則，並相信所有公約與條約的締結都應開誠布公，不搞祕密外交。

我們的憲法將提供一個有效率、理性而公義的政府，排除所有特權，禁止特定類別立法。

民主已打倒神權專制。軍國主義已被擊敗；——民主獲得勝利；——人類將在民主的基礎上重整。黑暗的力量帶來了光明的勝利，——渴望已久的人性年代正露出曙光。

我們相信民主，——我們相信自由，——永遠相信自由。

在此一九一八年十月十八日於巴黎宣布。

托馬斯・G・馬薩里克教授，總理與財政部長

米蘭・R・什特凡尼克將軍／博士，國防部長

艾德瓦・本尼許博士，外交與內政部長

原文出處：George J. Kovtun, *The Czechoslovak Declaration of Independence: A History of the Document* (Washington, D.C., 1985), 53–55.

12.《越南民主共和國獨立宣言》（一九四五年九月二日）

人人生而平等，造物者賦予他們若干不可剝奪的權利，其中包括生命權、自由權和追求幸福的權利。

這是一七七六年美國《獨立宣言》中的不朽陳述。更廣義而言，這句話的意思是：全世界各民族生來就是平等的，每個民族都有求生存和享受幸福與自由的權利。

一七九一年法國大革命期間的《人權和公民權利宣言》中也曾說：「天賦人類自由和平等的權利，而且應始終如此。」

這是不容否認的真理。

可是，八十多年來法國帝國主義者卻利用自由、平等、博愛的旗幟來侵略我們的國家，壓迫我們的同胞。他們的行為違背了人性和正義的理念。

在政治領域，他們剝奪了我們所有的民主自由。

他們施行不人道的法律；他們在越南的北、中、南建立了三種不同的政治制度，藉此破壞我們的國家統一，防止我們的民族團結。

他們建立的監獄比學校還多。他們無情地殺戮我們的愛國者；他們把我們的每次起義淹沒在血海中。

他們箝制輿論；施行愚民政策。

他們強迫我們使用鴉片和酒精，藉此使我們的種族變得虛弱。

在經濟領域，他們吸盡民脂民膏，留下窮困的人民和滿目瘡痍的土地。

他們掠奪我們的稻田、礦場、森林和原料。他們壟斷了紙鈔發行和出口貿易。

他們憑空生出種種不合理的捐稅，使我們的人民，尤其是農民，陷入赤貧。

他們阻撓我們的資產階級繁榮發展；他們無情剝削我們的勞工。

一九四〇年秋天，為了建立新的軍事基地以對抗同盟國，日本法西斯入侵印度支那，法國帝國主義者竟屈膝投降，把我們的國家雙手奉上。

從此，我們的人民被戴上法國與日本的雙重枷鎖。他們受到更多磨難與痛苦。結果是，去年底到今年初，從廣治省到北部，我們有二百多萬同胞餓死。今年三月九日，法軍遭日本繳械。法國殖民主義者逃的逃，降的降，顯示他們非但無法「保護」我們，反而在五年之中，兩度將我們的國家出賣給日本。

在三月九日之前，越南獨立同盟會（越盟）曾數度呼籲法國人與之結盟，共同對抗日本。法國殖民主義者沒有同意這項提議，反而加強對越盟成員的恐怖行動，甚至在逃離前屠殺了許多被監禁在安沛和高平的政治犯。

儘管如此，我們的同胞始終對法國人展現出寬容和人道的態度。即使在一九四五年三月法國人被日本人擊垮後，越盟仍幫助許多法國人穿越邊境，將一些法國人從日本人的監獄救出來，保護法國人的生命和財產。

自一九四〇年秋天起，我們國家事實上已不再是法國的殖民地，而是為日本所占有。日本對同盟國投降後，我們全國人民為了奪回國家主權而起義，建立了越南民主共和國。

事實上，我們是從日本人而非法國人手中爭取到獨立。

法國人逃跑，日本投降，保大皇帝遜位。我們的人民已經掙脫近百年來的鎖鏈束縛，為祖國贏得獨立。同時，我們的人民也推翻了幾十個世紀以來的君主制度。取而代之的，是現在的民主共和國。

基於這些理由，我們，代表越南全體人民的臨時政府成員，宣布自此斷絕與法國間的殖民關係；廢除法國代表越南所約定的一切國際義務，取消法國在越南非法取得的所有特權。

越南全體人民在共同的目標驅動下，決心戰到最後，抵抗法國殖民主義者重奪這個國家的任何企圖。

我們相信，在德黑蘭會議和舊金山會議中已經承認人民自決和國家平等原則的同盟國，絕不會拒絕承認越南的獨立地位。

一個八十多年來勇敢反抗法國宰制的民族，一個過去幾年來與同盟國並肩作戰對抗法西斯的民族，這樣的民族必該是自由而獨立的。

基於上述理由，我們，越南民主共和國臨時政府成員，鄭重地向全世界宣布，越南有權成為自由和獨立的國家——而且事實上已是這樣的國家。越南全體人民堅定一心，要以一切實體與精神的力量，且不畏犧牲生命和財產，守護他們的獨立與自由。

原文出處： Ho Chi Minh, *Selected Works*, 4 vols. (Hanoi, 1960–1962), III, 17–21.

13.《以色列建國宣言》（一九四八年五月十四日）

猶太民族誕生於以色列地*。在這裡，他們的精神、宗教和政治認同被塑造成形。在這裡，他們首次獲得國家地位，創造了具有民族和普世意義的文化價值，並為世界貢獻了永恆的書中之書。

遭暴力逐出他們的土地後，猶太人在離散中仍對故土忠心不渝，從未停止祈禱和盼望返回故土，在那裡重新獲得政治自由。

在這樣的歷史和傳統牽繫驅動下，世世代代的猶太人始終奮鬥不息，以求重新立足於他們的古老家園。在最近數十年中，他們返回的人數眾多。這些拓荒者、ma'pilim†與保衛者，使沙漠開出了花朵，復興了希伯來語，建造了村莊與城鎮，更創造了一個欣欣向榮的社群，掌控自己的經濟和文化，愛好和平，但也知道如何自我防禦，為所有居民帶來進步的福祉，並且志在獲得獨立國家地位。

猶太曆五六五七年（公元一八九七年），第一屆錫安主義大會在猶太國精神之父西奧多・赫茨爾號召下召開，宣告猶太民族的國家有權在自己的土地上重生。

這一權利為一九一七年十一月二日的《貝爾福宣言》所承認，後來又為國際聯盟託管地的決議所再確認，這是對猶太民族與以色列地的歷史聯繫，以及猶太民族重建民族家園的權利之國際認可。

近年降臨在猶太民族身上的災難——歐洲數百萬猶太人慘遭屠殺——再一次清楚顯示，為解決猶太民族無家可歸的問題，在以色列地重建猶太人國家刻不容緩。這個猶太人的國家將對所有猶太人敞開大門，並且讓猶太民族成為互相禮遇尊重的國際社會成員，享有完整權利。

歐洲納粹大屠殺的倖存者，以及世界其他地方的猶太人，持續遷徙至以色列地，並未因困難、限制與危險而卻步，也從未停止主張他們有權在其民族家園過著有尊嚴、自由和誠實勞動的生活。

在第二次世界大戰期間，以色列故土的猶太人全力以赴，參加了愛好自由與和平的

---

* 原文為 Eretz Israel，以色列地。譯注：猶太民族古老家園的土地。

† 違反英國託管政府禁令抵達以色列地的新移民。

國家與邪惡納粹勢力的對抗，而他們戰士的鮮血和對戰爭的貢獻，使他們有權與後來創建聯合國的諸民族並列。

一九四七年十一月二十九日，聯合國大會通過決議，呼籲在以色列地建立一個猶太人國家；大會並要求以色列地的居民採取落實這項決議的必要措施。聯合國承認猶太民族建立自己國家的權利，這項承認不容改變。

這個權利，是猶太民族和所有其他民族一樣，在自己的主權國家裡主宰自己命運的自然權利。

為此，我們，人民議會的成員，代表以色列地的猶太人民和錫安主義運動，在英國託管統治結束之日，在這裡集會，以我們天生與歷史賦予的權利，並根據聯合國大會的決議，在此宣告於以色列地建立一個猶太人的國家，名為以色列國。

我們宣告，從託管統治在今夜，安息日前夕，猶太曆五七〇八年以珥月六日（一九四八年五月十五日）零時結束之時起，到根據憲法產生的民選國家機關建立為止（憲法應由民選制憲大會於一九四八年十月一日以前通過採行），人民議會將行使國家臨時議會的職權，而它的執行機關，人民行政當局，將成為猶太人國家的臨時政府。這一猶太人國家取名為「以色列」。

以色列國將向猶太移民開放，供流亡者聚集；將促進國家發展以造福所有居民；將按照以色列先知所憧憬的自由、正義與和平為立國基礎；將確保全體居民，不分宗教、種族和性別，享有完整的社會和政治平等權利；將保證宗教、思想、語言、教育和文化的自由；將守護所有宗教的聖地；並將恪守聯合國憲章的各項原則。

以色列國準備和聯合國的專門機構和代表合作，實踐一九四七年十一月二十九日的大會決議，並將採取措施以達成整個以色列地的經濟一體。

我們請求聯合國協助猶太民族建立他們的國家，並接納以色列國加入國際的敦睦情誼中。

在數月來承受猛烈攻擊下，我們請求生活在以色列國的阿拉伯居民維護和平，並在享有完整與平等公民權利，以及在各種臨時和永久機關中擁有相應代表權的基礎上，參與國家的發展建設。

我們向所有鄰邦及其人民伸出和平與和睦友邦之手，請求他們與在自己故土上獲得主權的猶太民族，建立合作與互助的關係。以色列國準備在為整個中東的進步而共同努力中貢獻己力。

我們請求散居在世界各國的猶太人團結在以色列地的猶太人周圍，協助移民和建設的工作，並支持他們偉大的奮鬥，以實現世代以來的夢想——以色列的救贖。

懷著對全能之神的信念，我們在今天，安息日前夕，猶太曆五七〇八年以珥月五日（一九四八年五月十四日），在故鄉的土地上，在特拉維夫城，在國家臨時議會的這次會議上，共同簽署這份宣言。

原文出處：*Independence Documents of the World*, ed. Albert P. Blaustein, Jay Sigler, and Benjamin R. Beede, 2 vols. (New York, 1977), I, 371.

14.《單方獨立宣言》（南羅德西亞）

（一九六五年十一月十一日）

在人類事務的發展過程中，歷史告訴我們，一個民族有可能必須解除其和另一個民族之間的政治聯繫，並在世界各國之間取得他們應得的獨立和平等的地位：

出於對人類輿論的尊重，他們必須把不得不為自身事務負起全責的原因對其他國家宣布：

因此，我們，羅德西亞政府，在此宣布：

羅德西亞政府自一九二三年起即行使自治權力，並為人民的進步、發展與福祉負責，這是無可爭議而各方接受的歷史事實；

羅德西亞的人民在兩次世界大戰中，展現了對王室和他們在聯合王國與其他地方親友的忠誠，不惜為了愛好自由的人民的相互利益，灑下熱血，付出財產，如今卻看到他們所珍惜的一切，即將粉碎在權宜之計的岩石上；

羅德西亞人民所目睹的，是對於文明在原始國家據以立基的準則具有破壞性的過程；他們看到西方民主原則、責任政府和道德標準在其他地方的崩毀；儘管如此，他們依然堅定；

羅德西亞人民全心支持政府對主權獨立的要求，但卻目睹聯合王國政府一再拒絕同意他們的請求；

聯合王國政府因而展現出，他們不打算以羅德西亞人民可接受的條件，同意讓羅德西亞主權獨立，藉此維持對羅德西亞毫無根據的管轄權，阻礙其與其他國家間的法律和條約，以及和其他國家往來的事務，並拒絕通過有益公眾福祉的法律；這些都對羅德西亞未來的和平、繁榮與良好治理造成損害；

羅德西亞政府長久以來秉持耐心和誠信與聯合王國政府協商，希望解除對他們仍有的限制，並賦予他們獨立主權；

由於任何延遲與耽擱都是對國家生命的打擊與傷害，羅德西亞政府認為羅德西亞必須獲得主權獨立，刻不容緩，而且理所應當；

因此，我們，羅德西亞政府，謙卑順服掌控國家命運的全能上帝，深知羅德西亞人民向來對女王陛下展現堅定不渝的忠誠與奉獻，並誠心祈禱我們與羅德西亞人民的決心不會受到阻礙，能持續行使我們不容置疑的權利，展現同樣的忠誠與奉獻，並尋求促進共同利益，使所有人的尊嚴與自由都獲得保障，透過此宣言採行和頒布附加於此宣言的憲法，並獻給羅德西亞的人民。

天佑女王。

主後一千九百六十五年，十一月十一日，在索茲斯柏立經由我們簽署。

原文出處： *Independence Documents of the World*, ed. Albert P. Blaustein, Jay Sigler, and Benjamin R. Beede, 2 vols. (New York, 1977), II, 587.

注釋

緒論

1. 傑佛遜致魏特曼（Roger C. Weightman），一八二六年六月二十四日，收錄於 *The Writings of Thomas Jefferson*, ed. Andrew A. Lipscomb and Albert Ellery Bergh, 20 vols. (Washington, D.C., 1903–1904), XVI, 181–182.
2. J. Jefferson Looney, "Thomas Jefferson's Last Letter," *Virginia Magazine of History and Biography*, 112 (2004), 178–184. 關於傑佛遜對葡萄酒的興趣，尤見 James M. Gabler, *Passions: The Wines and Travels of Thomas Jefferson* (Baltimore, 1995).
3. Pauline Maier, *American Scripture: Making the Declaration of Independence* (New York, 1997), 154–208.
4. 對其他作品的這類研究，見 Isabel Hofmeyr, *The Portable Bunyan: A Transnational History of "The Pilgrim's Progress"* (Princeton, 2004); Esteban Buch, *Beethoven's Ninth: A Political History* (Chicago, 2003). 亦見 Franco Moretti, *Atlas of the European Novel*, 1800–1900 (London, 1998).

5. *Las Actas de Independencia de América*, ed. Javier Malagón (Washington, D.C., 1955).

6. *Independence Documents of the World*, ed. Albert P. Blaustein, Jay Sigler, and Benjamin R. Beede, 2 vols. (New York, 1977).

7. 不過，其中也有如這樣簡要精闢的文章：Charles C. Griffin, "América y sus Actas de Independencia," in *Las Actas de Independencia de América*, ed. Malagón, xvii–xx.

8. 舉其犖犖大者如 Herbert Friedenwald, *The Declaration of Independence, An Interpretation and an Analysis* (New York, 1904); John Hazelton, *The Declaration of Independence: Its History* (New York, 1906); Carl L. Becker, *The Declaration of Independence: A Study in the History of Political Ideas*, rev. ed. (New York, 1942); Julian P. Boyd, *The Declaration of Independence: The Evolution of the Text*, ed. Gerard W. Gawalt (Washington, D.C., 1999); Morton White, *The Philosophy of the American Revolution* (New York, 1978); Garry Wills, *Inventing America: Jefferson's Declaration of Independence* (New York, 1978); Jay Fliegelman, *Declaring Independence: Jefferson, Natural Language, and the Culture of Performance* (Stanford, 1993); Maier, *American Scripture*; Allen Jayne, *Jefferson's Declaration of Independence: Origins, Philosophy and Theology* (Lexington, KY, 1998).

9. 舉例而言，見 Charles D. Desbler, "How The Declaration Was Received in the Old Thirteen," *Harper's New Monthly Magazine*, 85 (July 1892), 165–187; Philip F. Detweiler, "The Changing Reputation of the Declaration of Independence: The First Fifty Years," *William and Mary*

Quarterly, 3rd ser., 19 (1962), 557–574; *We, the Other People: Alternative Declarations of Independence by Labor Groups, Farmers, Woman's Rights Advocates, Socialists, and Blacks, 1829–1975*, ed. Philip S. Foner (Urbana, 1976); Merrill D. Peterson, *"This Grand Pertinacity": Abraham Lincoln and the Declaration of Independence* (Fort Wayne, 1991); Maier, *American Scripture*, 170–215; 也見這本書裡的許多文章：Scott Douglas Gerber, ed., *The Declaration of Independence: Origins and Impact* (Washington, D.C., 2002).

10. 儘管這樣的嘗試有許多材料可用，如 Richard B. Morris, *The Emerging Nations and the American Revolution* (New York, 1970), 以及"Interpreting the Declaration of Independence by Translation: A Round Table," *Journal of American History*, 85 (1999), 1280–1460. 他們研究結果的概述見 Morris, "The Declaration was Proclaimed but Few in Europe Listened at First," *Smithsonian*, 6, 4 (July 1975), 30–36; David Thelen, "Reception of the Declaration of Independence," in Gerber, ed., *The Declaration of Independence: Origins and Impact*, 191–212.

11. 萌芽中的大西洋史領域追溯了這些互動，主要在大約從一四九二至一八二五年這段期間：Bernard Bailyn, *Atlantic History: Concept and Contours* (Cambridge, MA, 2005).

12. Eric Foner, "American Freedom in a Global Age," *American Historical Review*, 106 (2001), 1–16; Thomas Bender, ed., *Rethinking American History in a Global Age* (Berkeley, 2002); Bender, *A Nation among Nations: America's Place in World History* (New York, 2006).

13. C. A. Bayly, *The Birth of the Modern World, 1780–1914* (Oxford, 2004), 1.

14. A. G. Hopkins, ed., *Globalization in World History* (London, 2002); David Armitage, "Is There a Pre-History of Globalization?" in Deborah Cohen and Maura O'Connor, eds., *Comparison and History: Europe in Cross-National Perspective* (London, 2004), 165–176; Sugata Bose, *A Hundred Horizons: The Indian Ocean in an Age of Global Empire* (Cambridge, MA, 2006).
15. H. V. Bowen, "British Conceptions of Global Empire, 1756–83," *Journal of Imperial and Commonwealth History*, 26 (1998), 1–27.
16. 伯克致羅伯森（William Robertson），一七七七年六月九日，收錄於 *The Correspondence of Edmund Burke*, 10 vols., ed. T. W. Copeland et al. (Cambridge, 1958–1978), III, 350–351.
17. Adam Smith, *An Inquiry into the Nature and Causes of the Wealth of Nations* (1776), ed. R. H. Campbell and A. S. Skinner, 2 vols. (Oxford, 1976), II, 947.
18. 羅伯森致〔基斯勛爵（Sir Robert Murray Keith）?〕，一七八四年三月八日，British Library Add. MS 35350, fol. 70v.
19. Richard B. Sheridan, "The British Credit Crisis of 1772 and the American Colonies," *Journal of Economic History*, 20 (1960), 161–186; Emma Rothschild, "Globalization and the Return of History," *Foreign Policy*, 115 (Summer 1999), 106–116; Rothschild, "The Last Empire: Security and Globalization in Historical Perspective," *Jerome E. Levy Occasional Paper*, 5 (Annapolis, 2002); Marc Aronson, *The Real Revolution: The Global Story of American Independence* (New York, 2005); Bender, *A Nation among Nations*, 77–78.

20. Jeremy Bentham, *An Introduction to the Principles of Morals and Legislation* (1780/89), ed. J. H. Burns and H. L. A. Hart, Intro. F. Rosen (Oxford, 1996), 6, 296; Hidemi Suganami, "A Note on the Origin of the Word 'International,'" *British Journal of International Studies*, 4 (1978), 226–232.
21. "Dunlap, John (1747–1812)," in John A. Garraty and Mark C. Carnes, gen. eds., *American National Biography*, 24 vols. (New York, 1999), VII, 87–89.
22. Frederick R. Goff, *The John Dunlap Broadside: The First Printing of the Declaration of Independence* (Washington, D.C., 1976), 9–10（文中指出檢視的十七個副本中有十二份以荷蘭紙印刷）, 11, 14; John Bidwell, "Printers' Supplies and Capitalization," in Hugh Amory and David D. Hall, eds., *A History of the Book in America*, I: *The Colonial Book in the Atlantic World* (Cambridge, 2000), 168–171.
23. "Syng, Philip, Jr. (1703–1789)," in Garraty and Carnes, eds., *American National Biography*, XXI, 232–233; Richard Lyman Bushman, "The Complexity of Silver," in Jeannine Falino and Gerald W. R. Ward, eds., *New England Silver and Silversmithing, 1620–1815, Publications of the Colonial Society of Massachusetts*, 70 (Boston, 2001), 11–13; biographical information on the signers from *Dictionary of American Biography*, 22 vols. (New York, 1928–1958), and Garraty and Carnes, eds., *American National Biography*.
24. Becker, *The Declaration of Independence*, viii.

25. 概見 Mikhail Bakhtin, "The Problem of Speech Genres" (1952–1953), in Bakhtin, *Speech Genres and Other Late Essays*, trans. Vern W. McGee, ed. Caryl Emerson and Michael Holquist (Austin, TX, 1986), 60–102, and Alastair Fowler, *Forms of Literature: An Introduction to the Theory of Genres and Modes* (Cambridge, MA, 1982).

26. Keith Michael Baker, "The Idea of a Declaration of Rights," in Dale Van Kley, ed., *The French Idea of Freedom: The Old Regime and the Declaration of Rights of 1789* (Stanford, 1994), 154–196; Christine Fauré, *Ce que déclarer des droits veut dire: histoires* (Paris, 1997).

27. 見 Janet Lyon, *Manifestoes: Provocations of the Modern* (Ithaca, 1999); Jeffrey M. Encke, "Manifestos: A Social History of Proclamation" (Ph.D. thesis, Columbia University, 2002)，不過兩者都未處理外交宣言，這可說是一八四八年《共產宣言》發布以前，這種文類最廣泛的形式。

28. "L'indépendance des Anglo-Américains est l' événement le plus propre à accélérer la révolution qui doit ramener le bonheur sur la terre. C'est au sein de cette République naissante que sont déposés les vrais trésors qui enrichiront le monde": Abbé Genty, quoted in Daniel Mornet, *Les origines intellectuelles de la Révolution Française* (1715–1787), 2nd ed. (Paris, 1934), 396–397.

29. Charles Warren, "Fourth of July Myths," *William and Mary Quarterly*, 3rd ser., 3 (1945), 247–248; Jack N. Rakove, "The Decision for American Independence: A Reconstruction," *Perspectives in American History*, 10 (1976), 250–253, 265; 傑佛遜致亨利・李（Richard

Henry Lee），一七七六年七月八日，收錄於*The Papers of Thomas Jefferson*, gen. ed. Julian P. Boyd, 31 vols. to date (Princeton, 1950–), I, 455.

30. 一七七六年八月十五日《賓夕法尼亞晚報》（*Pennsylvania Evening Post*），引述於 Stephen E. Lucas, "Justifying America: The Declaration of Independence as a Rhetorical Document," in Thomas W. Benson, ed., *American Rhetoric: Context and Criticism* (Carbondale, 1989), 119; 我〔空白〕承認美利堅合眾國為自由、獨立與主權國家…… (n.p., n.d [Philadelphia, 1776]).

31. Colin Warbrick, "States and Recognition in International Law," in Malcolm D. Evans, ed., *International Law* (Oxford, 2003), 220–221.

32. Charles S. Maier 精采描述了國家與帝國作為互有重疊的政體、社會結構與經濟組織形式，兩者間模稜兩可的關係，見 *Among Empires: American Ascendancy and Its Predecessors* (Cambridge, MA, 2006).

33. Akira Iriye, *Global Community: The Role of International Organizations in the Making of the Modern World* (Berkeley, 2002); Alfred D. Chandler, Jr., and Bruce Mazlish, eds., *Leviathans: Multinational Corporations and the New Global History* (Cambridge, 2005).

34. Ernest Gellner, *Nations and Nationalism* (London, 1983), 6–7.

35. 相關的重要指引見 Charles Tilly, ed., *The Formation of National States in Western Europe* (Princeton, 1975); Hedley Bull and Adam Watson, eds., *The Expansion of International Society* (Oxford, 1984); Frederick Cooper, "States, Empires, and Political Imagination," in Cooper,

Colonialism in Question: Theory, Knowledge, History (Berkeley, 2005), 153–203.

36. 傑佛遜致亨利・李，一八二五年五月八日，收錄於 *The Writings of Thomas Jefferson*, eds. Lipscomb and Bergh, XVI, 118.

37. Edmund C. Burnett, "The Name 'United States of America,'" *America Historical Review*, 31 (1925), 79–81. 這一用語較早而非正式使用的例子見 Republicus, "To the People of Pennsylvania" (June 29, 1776), in *American Archives: Fourth Series ... From the King's Message to Parliament, of March 7, 1774, to the Declaration of Independence by the United States*, ed. Peter Force, 6 vols. (Washington, D.C., 1833–1846), VI, 1131.

第一章 《獨立宣言》裡的世界

1. Abraham Lincoln, "Speech at Springfield, Illinois" (June 26, 1857), in *The Collected Works of Abraham Lincoln*, ed. Roy P. Basler, 9 vols. (New Brunswick, NJ, 1953–1955), II, 406.

2. Wilbur Samuel Howell, "The Declaration of Independence and Eighteenth-Century Logic," *William and Mary Quarterly*, 3rd ser., 18 (1961), 463–484.

3. 關於美國人如何使用這些當時盛行的設想，見 Peter Onuf and Nicholas Onuf, *Federal Union, Modern World: The Law of Nations in an Age of Revolutions, 1776–1814* (Madison, 1993); David C. Hendrickson, *Peace Pact: The Lost World of the American Founding* (Lawrence, KS, 2003), chaps. 7–16.

4. Pauline Maier, *American Scripture: Making the Declaration of Independence* (New York, 1997), 51–57.
5. William Blackstone, *Commentaries on the Laws of England*, 4 vols. (London, 1765–1769), III, 293.
6. [Robert Plumer Ward,] *An Enquiry into the Manner in which the Different Wars in Europe Have Commenced, During the Last Two Centuries: To which Are Added the Authorities upon the Nature of a Modern Declaration* (London, 1805), 3.
7. Carl-August Fleischhauer, "Declaration," in *Encyclopedia of Public International Law*, gen. ed. Rudolf Bernhardt, 12 vols. to date (Amsterdam,1982–), VII, 67.
8. "A Declaration by the Representatives of the United Colonies ... Seting Forth the Causes and Necessity of Their Taking up Arms" (July 6, 1775), in *A Decent Respect to the Opinions of Mankind: Congressional State Papers, 1774–1776*, ed. James H. Hutson (Washington, D.C., 1976), 91–97. 對這份宣言不同文字更廣泛的討論，見 *The Papers of Thomas Jefferson*, gen. ed. Julian P. Boyd, 31 vols. to date (Princeton, 1950–), I, 187–219.
9. "A Declaration by the Representatives of the United Colonies ... Seting Forth the Causes and Necessity of Their Taking up Arms" (July 6, 1775); "To the Inhabitants of the Colonies..." (October 27, 1774), in *A Decent Respect to the Opinions of Mankind*, ed. Hutson, 35.
10. Jerrilyn Greene Marston, *King and Congress: The Transfer of Political Legitimacy, 1774–1776*

(Princeton, 1987), 206–223.

11. Thomas Jefferson, "Notes of Proceedings in the Continental Congress" (June 7–August 1, 1776), in *The Papers of Thomas Jefferson*, ed. Boyd, I, 311.

12. 約翰・亞當斯（John Adams）致蓋茲（Horatio Gates），一七七六年三月二十三日，收錄於 *Letters of Delegates to Congress, 1774–1789*, gen. ed. Paul H. Smith, 26 vols. to date (Washington, D.C., 1976–), III, 431, 提及《禁止法案》（Prohibitory Act）(16 Geo. III, c. 5).

13. Richard Henry Lee, "Resolution of Independence" (June 7, 1776), in *Journals of the Continental Congress, 1774–1789*, ed. Worthington C. Ford, 5 vols. (Washington, D.C., 1904–1906), V, 425–426.

14. Felix Gilbert, *To the Farewell Address: Ideas of Early American Foreign Policy* (Princeton, 1961), 44–54. 《模範條約》仿效的一些例子來自 *A Compleat Collection of All the Articles and Clauses which Relate to the Marine, in the Several Treaties Now Subsisting Between Great Britain and Other Kingdoms and States*, ed. Henry Edmunds and William Harris (London, 1760), 現藏哈佛大學侯頓圖書館（Houghton Library）(call number *EC7 Ed596 741 ed).

15. Merrill Jensen, *The Articles of Confederation: An Interpretation of the Social-Constitutional History of the American Revolution, 1774–1781*, new ed. (Madison, 1970), 175–176, 263, 264–265, 266.

16. 約翰・亞當斯致沃倫（James Warren），一七七五年十月七日，收錄於 *The Warren-Adams*

Letters: Being Chiefly a Correspondence among John Adams, Samuel Adams, and James Warren, ed. Worthington C. Ford, 2 vols. (Boston, 1917–1925), I, 127–128.

17. 亨利・李致派屈克・亨利（Patrick Henry），一七七六年四月二十日，收錄於 *The Letters of Richard Henry Lee*, ed. James Curtis Ballagh, 2 vols. (New York, 1911–1914), I, 178.

18. Thomas Paine, *Common Sense* (Philadelphia, 1776), 77–78.

19. North Carolina Instructions (April 12, 1776); Instructions for the Delegates of Charlotte County, Virginia (April 23, 1776); Virginia Instructions (May 15, 1776); "Meeting of the Inhabitants of the Town of Malden" (May 27, 1776); Connecticut Instructions (June 14, 1776), in *American Archives: Fourth Series ... From the King's Message to Parliament, of March 7, 1774, to the Declaration of Independence by the United State*s, ed. Peter Force, 6 vols. (Washington, D.C., 1833–1846), V, 1322, 1035; VI, 461, 602, 868.

20. Quentin Skinner, "From the State of Princes to the Person of the State," in Skinner, *Visions of Politics*, II: *Renaissance Virtues* (Cambridge, 2002), 368–413; Skinner, *Liberty before Liberalism* (Cambridge, 1998); J. R. Pole, "The Politics of the Word 'State' and Its Relation to American Sovereignty," *Parliaments, Estates and Representation*, 8 (1998), 1–10.

21. David Ramsay, *An Oration on the Advantages of American Independence* (Charleston, SC, 1778), 12.

22. Frederick G. Whelan, "Vattel's Doctrine of the State," *History of Political Thought*, 9 (1988),

59–90.

23. Emer de Vattel, *Le Droit des gens, ou principes de la loi naturelle* (Neuchâtel, 1758); Charles G. Fenwick, "The Authority of Vattel," *American Political Science Review*, 7 (1913), 370–424; ibid., 8 (1914), 375–392; F. S. Ruddy, *International Law in the Enlightenment: The Background of Emmerich de Vattel's Le Droit des Gens* (Dobbs Ferry, 1975); Emmanuelle Jouannet, *Emer de Vattel et l'émergence doctrinale du droit international classique* (Paris, 1998).

24. Emer de Vattel, *Le Droit des gens, ou principes de la loi naturelle*, ed. C. G. F. Dumas, 2 vols. (Amsterdam, 1775), I, 12, 2, 6, 7, 8 (my translations). 瓦特爾並未在概念或形式上對「國家或主權國家」（les Nations, ou les Etats souverains）加以區分：*Le Droit des gens*, I, 2.

25. Emer de Vattel, *The Law of Nations, or, Principles of the Law of Nature, Applied to the Conduct and Affairs of Nations and Sovereigns* (London, 1760), xi.

26. Ian Brownlie, *Principles of Public International Law*, 4th ed. (Oxford, 1990), 73–74.

27. 布萊福德（William Bradford）致麥迪遜（James Madison），一七七四年十月十七日，收錄於 *The Papers of James Madison*, gen. eds. William T. Hutchinson and William M. E. Rachal, 17 vols. (Chicago, 1962–1991), I, 126.「巴勒馬基」（Barlemaqui）指的是瑞士自然法理論家讓・雅克・布拉馬基（Jean Jacques Burlamaqui），關於他可見 Morton White, *The Philosophy of the American Revolution* (New York, 1978).

28. 富蘭克林致杜瑪斯（Dumas），一七七五年十二月九日，收錄於 *The Papers of Benjamin*

Franklin, gen. eds. Leonard W. Labaree et al., 37 vols. to date (New Haven, 1959–), XXII, 287. Library Company of Philadelphia, call number Rare E Vatt 303. Q; Houghton Library, Harvard University, call number *AC7 F8545 Zz775v.

29. A. A. M. Duncan, *The Nation of Scots and the Declaration of Arbroath* (1320) (London, 1970), 34–37; J. R. Philip, “Sallust and the Declaration of Arbroath,” *Scottish Historical Review*, 26 (1947), 75–78.

30. [Burns Federation,] *Declaration of Independence 1320* (n.p., n.d.); [Scots Secretariat,] *Scotland's Scrap of Paper: Full Text of Treaty of Union of 1707, with Notes, Declaration of Independence, Radical Rising 1820, Policy of Scottish Nationalism* (Penicuik, 1975); Edward J. Cowan, *“For Freedom Alone”: The Declaration of Arbroath, 1320* (East Linton, 2003), 5, 114; United States, 105th Congress, 2nd Session, Senate Resolution 155 (March 19, 1998).

31. “Edict of the States General of the United Netherlands by which they Declare that the King of Spain has Forfeited the Sovereignty and Government of the Afore-said Netherlands” (July 26, 1581), in *Texts concerning the Revolt of the Netherlands*, ed. E. H. Kossmann and A. F. Mellink (Cambridge, 1974), 224.

32. “Het is de parodie van het stuk, dat onze voorzaeten deeden uitgeeven tegens koning Philips de tweede”: 奧蘭治親王威廉五世致亨德里克・法格爾（Hendrik Fagel），一七七六年八月二十日，收錄於 *Archives ou correspondence inédite de la maison d'Orange-Nassau*, ed. F. J. L.

Krämer, 5th ser., 3 vols. (Leiden, 1910–1915), I, 449, 引述於 J. M. Schulte Nordholt, *The Dutch Republic and American Independence*, trans. Herbert H. Rowen (Chapel Hill, 1982), 221.

33. J. P. A. Coopmans, "Het Plakkaat van Verlatinge (1581) en de Declaration of Independence (1776)," *Bijdragen en Mededelingen betreffende de Geschiedenis der Nederlanden*, 98 (1983), 540–567; Stephen E. Lucas, "The 'Plakkaat van Verlatinge': A Neglected Model for the American Declaration of Independence," in Rosemarijn Hoefte, Johanna C. Kardux, and Hans Bak, eds., *Connecting Cultures: The Netherlands in Five Centuries of Transatlantic Exchange* (Amsterdam, 1994), 187–207.

34. William E. Griffis, *The Influence of the Netherlands in the Making of the English Commonwealth and the American Republic* (Boston, 1891), 17, 30, 33; "The Dutch Declaration of Independence," *Old South Leaflets*, 72 (Boston, 1896); Wijnand W. Mijnhardt, "The Declaration of Independence and the Dutch Legacy" (paper presented at the Eleventh Conference of the International Society for Eighteenth-Century Studies, University of California Los Angeles, August 2003).

35. 概見 Jack N. Rakove, "The Decision for Independence: A Reconstruction," *Perspectives in American History*, 10 (1976), 217–275.

36. Jefferson, "Notes of Proceedings in the Continental Congress," in *The Papers of Thomas Jefferson*, ed. Boyd, I, 310; James H. Hutson, "The Partition Treaty and the Declaration of American Independence," *Journal of American History*, 58 (1971–1972), 875–896.

37. John Dickinson, "Notes for a Speech in Congress" (July 1, 1776), in *Letters of Delegates to Congress, 1774–1789*, ed. Smith, IV, 355.

38. 班傑明・洛西（Benjamin Rush）致查爾斯・李（Charles Lee），一七七六年七月二十三日，收錄於 *Letters of Delegates to Congress, 1774–1789*, ed. Smith, IV, 528.

39. Thadd E. Hall, *France and the Eighteenth-Century Corsican Question* (New York, 1971); George P. Anderson, "Pascal Paoli, An Inspiration to the Sons of Liberty," *Publications of the Colonial Society of Massachusetts*, 26 (1924–1926), 180–210.

40. Piotr S. Wandycz, "The American Revolution and the Partitions of Poland," in Jaroslaw Pelenski, ed., *The American and European Revolutions, 1776–1848: Sociopolitical and Ideological Aspects* (Iowa City, 1980), 95–110.

41. [Daniel Leonard,] *Massachusettensis* (n.p., n.d. [Boston, 1775]), 63; 亨利・李（Richard Henry Lee）致派屈克・亨利（Patrick Henry），一七七六年四月二十日，收錄於 *Letters of Richard Henry Lee*, ed. Ballagh, I, 176.

42. Thomas Paine, *The American Crisis*, III (April 19, 1777), in Paine, *Collected Writings,* ed. Eric Foner (New York, 1995), 123–124.

43. Jefferson, "Notes of Proceedings in the Continental Congress," in *The Papers of Thomas Jefferson*, ed. Boyd, I, 312.

44. G. C. Gibbs, "The Dutch Revolt and the American Revolution," in Robert Oresko, G. C. Gibbs,

and H. M. Scott, eds., *Royal and Republican Sovereignty in Early Modern Europe: Essays in Honour of Ragnhild Hatton* (Cambridge, 1997), 609–637. 當代的相似作品可見這段虛構對話：*Entretiens de Guillaume de Nassau, Prince d'Orange, et du général Montgommery sur la révolution ancienne des Pays-Bas, & les affaires actuelles d'Amérique* (London, 1776).

45. 阿比蓋爾・亞當斯（Abigail Adams）致約翰・亞當斯（John Adams），一七八一年四月二十三日，收錄於 *Adams Family Correspondence*, ed. L. H. Butterfield et al., 4 vols. (Cambridge, MA, 1963–1973), IV, 104.

46. [John Adams,] *A Collection of State-Papers, Relative to the Acknowledgement of the Sovereignity [sic] of the United States of America* (The Hague, 1782), 8.

47. Anglo-Spanish Treaty of 1667, in *A Compleat Collection of All the Articles and Clauses which Relate to the Marine*, ed. Edmunds and Harris, 52.

48. Jefferson, "Notes of Proceedings in the Continental Congress," in *The Papers of Thomas Jefferson*, ed. Boyd, I, 312–313.

49. Dickinson, "Notes for a Speech in Congress," in *Letters of Delegates to Congress, 1774–1789*, ed. Smith, IV, 353, 354; Milton E. Flower, *John Dickinson, Conservative Revolutionary* (Charlottesville, 1983), 161–166.

50. Maier, *American Scripture*, 45.

51. 約翰・亞當斯致阿比蓋爾・亞當斯，一七七六年七月三日，收錄於 *Adams Family*

Correspondence, ed. Butterfield, II, 29–33.

52. 對《宣言》起草與編輯過程最精闢的敘述現為 Maier, *American Scripture*, 97–153; 亦見 *The Papers of Thomas Jefferson*, ed. Boyd, I, 413–433; Boyd, *The Declaration of Independence*.

53. 傑佛遜起草的維吉尼亞州憲法第一版及第三版（一七七六年六月十三日以前），維吉尼亞州憲法（一七七六年六月十九日），收錄於 *The Papers of Thomas Jefferson*, ed. Boyd, I, 337–340, 356–357, 377–379.

54. "To the Inhabitants of the Colonies" (October 21, 1774), in *A Decent Respect to the Opinions of Mankind*, ed. Hutson, 35–46.

55. "A Letter to the Inhabitants of Quebec" (October 26, 1774), "Address to the Assembly of Jamaica" (July 25, 1775), "Address to the People of Ireland" (July 28, 1775), in *A Decent Respect to the Opinions of Mankind*, ed. Hutson, 66, 135, 111.

56. Bernard Bailyn, *The Ideological Origins of the American Revolution*, rev. ed. (Cambridge, MA, 1992), 144–159; Ira D. Gruber, "The American Revolution as a Conspiracy: The British View," *William and Mary Quarterly*, 3rd ser., 26 (1969), 360–372.

57. Arthur Young, *Political Essays Concerning the Present State of the British Empire* (London, 1772), 19–20.

58. Paine, *Common Sense*, 57, 60.

59. 針對各項指控的討論見 Sydney George Fisher, "The Twenty-Eight Charges Against the King in

the Declaration of Independence," *Pennsylvania Magazine of History and Biography*, 31 (1907), 257–303; Garry Wills, *Inventing America: Jefferson's Declaration of Independence* (New York, 1978), 65–75; Stephen E. Lucas, "Justifying America: The Declaration of Independence as a Rhetorical Document," in Thomas W. Benson, ed., *American Rhetoric: Context and Criticism* (Carbondale, 1989), 96–110; Maier, *American Scripture*, 105–123.

60. "To the Inhabitants of the Colonies" (October 21, 1774), in *A Decent Respect to the Opinions of Mankind*, ed. Hutson, 35–46.

61. [Thomas Jefferson,] *A Summary View of the Rights of British America* (Williamsburg, Va., 1774), 5, 8, 11; Stephen A. Conrad, "Putting Rights Talk in Its Place: The Summary View Revisited," in Peter S. Onuf, ed., *Jeffersonian Legacies* (Charlottesville, 1993), 254–280.

62. 此處我依循 Maier，將不平事例分為三類（Maier, *American Scripture*, 107–123），而非如 Wills 分為四類（Wills, *Inventing America*, 65–75）.

63. Sidney Kaplan, "The 'Domestic Insurrections' of the Declaration of Independence," *Journal of Negro History*, 61 (1976), 243–255.

64. Eliga H. Gould, *The Persistence of Empire: British Political Culture in the Age of the American Revolution* (Chapel Hill, 2000), 190–192; Gould, "Zones of Law, Zones of Violence: The Legal Geography of the British Atlantic, circa 1772," *William and Mary Quarterly*, 3rd ser., 60 (2003), 471–510.

65. Jefferson, "Notes of Proceedings in the Continental Congress," in *The Papers of Thomas Jefferson*, ed. Boyd, I, 315.
66. 可與此著作參照比較，Edwin Gittleman, "Jefferson's 'Slave Narrative': The Declaration of Independence as a Literary Text," *Early American Literature*, 8 (1974), 239–256.
67. [Jefferson,] *A Summary View of the Rights of British America*, 17（採用傑佛遜手稿中「非洲」改為「英國」海盜的修訂：*The Papers of Thomas Jefferson*, ed. Boyd, I, 130, 136n24）.
68. Treaty of Amity and Commerce (February 6, 1778), Article VIII, in *The Treaties of 1778 and Allied Documents*, ed. Gilbert Chinard (Baltimore, 1928), 28. 美國與北非巴巴里諸國（Barbary states）的早期關係見 Ray W. Irwin, *The Diplomatic Relations of the United States with the Barbary Powers, 1776–1816* (Chapel Hill, 1931); Robert J. Allison, *The Crescent Obscured: The United States and the Muslim World, 1776–1815* (New York, 1995); Frank Lambert, *The Barbary Wars: American Independence in the Atlantic World* (New York, 2005).
69. 可與此著作參照比較：Peter S. Onuf, *Jefferson's Empire: The Language of American Nationhood* (Charlottesville, 2000), 148–151, 155–158.
70. Thomas Jefferson, *Notes on the State of Virginia* (1785), ed. William Peden (Chapel Hill, 1954), 138.
71. Anne Pérotin-Dumon, "The Pirate and the Emperor: Power and Law on the Seas, 1450–1850," in James Tracy, ed., *The Political Economy of Merchant Empires: State Power and World Trade,*

1350–1750 (Cambridge, 1991), 202–203, 215.

72. See Istvan Hont, *Jealousy of Trade: International Competition and the Nation-State in Historical Perspective* (Cambridge, MA, 2005).

73. *Observations on the American Revolution, Published According to a Resolution of Congress, by Their Committee* (Philadelphia, 1779), 122.

74. Ezra Stiles, *The United States Elevated to Glory and Honour*, 2nd ed. (Worcester, MA, 1785), 88–89 and note; Holden Furber, "The Beginnings of American Trade with India, 1784–1812," *New England Quarterly*, 11 (1938), 235–265.

第二章　世界裡的《獨立宣言》

1. Woodrow Wilson, "A Fourth of July Address" (July 4, 1914), in *The Papers of Woodrow Wilson*, gen. ed. Arthur S. Link, 69 vols. (Princeton, 1966–1994), XXX, 250.

2. 威爾遜（James Wilson）致羅伯特．莫里斯（Robert Morris），一七七七年一月十四日，引述於 James H. Hutson, *John Adams and the Diplomacy of the American Revolution* (Lexington, KY, 1981), 153.

3. John C. Rainbolt, "Americans' Initial View of Their Revolution's Significance for Other Peoples, 1776–1778," *The Historian*, 35 (1973), 426–433.

4. J. G. A. Pocock, "Political Thought in the English-Speaking Atlantic: I, The Imperial Crisis,"

in Pocock, ed., *The Varieties of British Political Thought, 1500–1800* (Cambridge, 1995), 281; 參照比較 Pocock, "States, Republics, and Empires: The American Founding in Early Modern Perspective," in Terence Ball and J. G. A. Pocock, eds., *Conceptual Change and the Constitution* (Lawrence, KS, 1988), 55–77; Edward Dumbauld, "Independence under International Law," *American Journal of International Law*, 70 (1976), 425–431; Peter S. Onuf, "A Declaration of Independence for Diplomatic Historians," *Diplomatic History*, 22 (1998), 71–72, 82–83.

5. [John Adams,] *A Collection of State-Papers, Relative to the Acknowledgement of the Sovereignity [sic] of the United States of America* (The Hague, 1782), 4; "A Fourth of July Tribute to Jefferson" (July 4, 1789), in *The Papers of Thomas Jefferson*, gen. ed. Julian P. Boyd, 31 vols. to date (Princeton, 1950–), XV, 240; David Ramsay, *The History of the American Revolution*, 2 vols. (Philadelphia, 1789), I, 340; John Quincy Adams, A*n Address, Delivered at the Request of the Committee of Arrangements for Celebrating the Anniversary of Independence, at the City of Washington on the Fourth of July 1821* (Cambridge, MA, 1821), 11; John C. Calhoun, *A Discourse on the Constitution and Government of the United States*, in *Union and Liberty: The Political Philosophy of John C. Calhoun*, ed. Ross M. Lence (Indianapolis, 1992), 90.

6. R. R. Palmer, *The Age of the Democratic Revolution*, 2 vols. (Princeton, 1959–1964); David Armstrong, *Revolution and World Order: The Revolutionary State in International Society* (Oxford, 1993), chaps. 2–3; Mlada Bukovansky, *Legitimacy and Power Politics: The American*

and French Revolutions in International Political Culture (Princeton, 2002).

7. [Friedrich Gentz,] *The Origin and Principles of the American Revolution, Compared with the Origin and Principles of the French Revolution*, trans. John Quincy Adams (Philadelphia, 1800), 41, 55, 59.
8. Peter Onuf and Nicholas Onuf, *Federal Union, Modern World: The Law of Nations in an Age of Revolutions, 1776–1814* (Madison, 1993), 2.
9. G. F. von Martens, *Summary of the Law of Nations, Founded on the Treaties and Customs of the Modern Nations of Europe* (1789), Eng. trans. William Cobbett (Philadelphia, 1795), 2–3.
10. Thomas Jefferson, "Opinions on the French Treaties" (April 28, 1793), in *Papers of Thomas Jefferson*, gen. ed. Boyd, XXV, 609.
11. *Gazeta Warszawska* (Warsaw), September 11, 1776; Irene M. Sokol, "The American Revolution and Poland: A Bibliographical Essay," *Polish Review*, 12 (1967), 8.
12. *Morning Chronicle* (London), August 14, 1776; *British Chronicle* (London), August 14–16, 1776; *St James's Chronicle* (London), *General Evening Post* (London), August 15, 1776; *The Annual Register ... for the Year 1776* (London, 1777), 261–264; D. D., "London Newspapers of 1776 and the Declaration of Independence," *The Nation*, 66 (February 17, 1898), 127–128; Solomon Lutnick, *The American Revolution and the British Press, 1775–1783* (Columbia, MO, 1967), 75–76.

13. *Caledonian Mercury* (Edinburgh), August 20, 1776; Donald W. Livingston, "Hume, English Barbarism and American Independence," in Richard B. Sher and Jeffrey R. Smitten, eds., *Scotland and America in the Age of Enlightenment* (Princeton, 1990), 133; *Freeman's Journal* (Dublin), August 24, 1776.

14. *Gaceta de Madrid* (Madrid), August 27, 1776; Luis Angel García Melero, *La Independencia de los Estados Unidos de Norteamérica a través de la prensa española: los precedentes* (1763–1776) (Madrid, 1977), 296–297; *Gazette de Leyde* (Leiden), August 30, 1776; Jeremy D. Popkin, *News and Politics in the Age of Revolution: Jean Luzac's "Gazette de Leyde"* (Ithaca, NY, 1989), 151; *Wienerisches Diarium* (Vienna), August 31, 1776; Paula S. Fichtner, "Viennese Perspectives on the War of Independence," in Béla K. Király and George Barany, eds., *East Central European Perceptions of Early America* (Lisse, 1977), 20.

15. *Berlingske Tidende* (Copenhagen), September 2, 1776, reproduced in *Independence Documents of the World*, ed. Albert P. Blaustein, Jay Sigler, and Benjamin R. Breede,2 vols. (New York, 1977), I, 187; *Gazzetta Universale o Sieno Notizie Istoriche, Politiche, di Scienze, Arti, Agricoltura* (Florence) and *Notizie del Mondo* (Florence), September 14, 1776; *Ephemeriden der Menschheit* (Basel), October 1776, 96–106.

16. Harold Nicolson, *Diplomacy*, 2nd ed. (London, 1950), 124–136.

17. Jonathan R. Dull, *A Diplomatic History of the American Revolution* (New Haven, 1985), 15–22;

Bingdi He, *Studies on the Population of China, 1368–1953* (Cambridge, MA, 1959), 281.

18. 約翰・亞當斯致大陸會議主席，一七八〇年九月五日，收錄於 *The Works of John Adams*, ed. Charles Francis Adams, 10 vols. (Boston, 1852), VII, 250.

19. *The Whitefoord Papers: Being the Correspondence and Other Manuscripts of Colonel Charles Whitefoord and Caleb Whitefoord, from 1739 to 1810*, ed. W. A. S. Hewins (Oxford, 1898), 187.

20. *Pennsylvanischer Staatsbote* (Philadelphia), July 9, 1776; Karl J. R. Arndt, "The First German Broadside and Newspaper Printing of the Declaration of Independence," *Pennsylvania Folklife*, 35 (1986), 98–107; Gerd-J. Bötte, "Der Erstdruck der amerikanischen Unabhängigskeiterklärung in Deutscher sprache (Philadelphia: Steiner und Cist, 1776)," in *Unabhängigskeiterklärung der Vereinigten Staaten von Amerika, 4. Juli 1776, Mitteilungen des Deutschen Historischen Museums*, 3, 9 (Berlin, 1994), 22–26.

21. Richard B. Morris, "The Declaration Was Proclaimed but Few in Europe Listened at First," *Smithsonian*, 6, 4 (July 1975), 30–36.

22. 蓋伊・強森（Guy Johnson）致喬治・熱爾曼勛爵（Lord George Germain），一七七六年八月九日，The National Archives（國家檔案館，後文稱ＴＮＡ）, Kew, CO 5/177/113. 概見 Howard H. Peckham, "Independence: The View from Britain," *Proceedings of the American Antiquarian Society*, 85 (1976), 387–403.

23. Vincent Morley, *Irish Opinion and the American Revolution, 1760–1783* (Cambridge, 2002),

148–150.

24. Edmund Burke, "Speech on Army Estimates" (December 14, 1778), in *The Writings and Speeches of Edmund Burke*, III: *Party, Parliament, and the American War, 1774–1780*, ed. Warren M. Elofson and John A. Woods (Oxford, 1996), 394.

25. *The American Journal of Ambrose Serle, Secretary to Lord Howe, 1776–1778*, ed. Edward H. Tatum, Jr. (San Marino, CA, 1940), 31.

26. "Lord Howe's Conference with the Committee of Congress" (September 11, 1776), in *The Papers of Benjamin Franklin*, gen. ed. Leonard W. Labaree et al., 37 vols. to date (New Haven, 1959–), XXII, 600.

27. TNA ADM 1/487/34 (Philadelphia: John Dunlap); CO 5/40/252 (Philadelphia: John Dunlap); CO 5/177/29 (Philadelphia: John Dunlap); CO 5/1107/375 (New York: Hugh Gaine); CO 5/1353/401 (Baltimore: John Dunlap). 這五個副本中，只有一個記錄在 M. J. Walsh, "Contemporary Broadside Editions of the Declaration of Independence," *Harvard Library Bulletin*, 3 (1949), 31–43, 另有兩個記錄在 Frederick R. Goff, *The John Dunlap Broadside: The First Printing of the Declaration of Independence* (Washington, D.C., 1976), 5, 48–51. 巴爾的摩印刷版本的副本沒有其他記載。

28. 哈欽森（Thomas Hutchinson）致哈德威克伯爵（Earl of Hardwicke），一七七六年八月十日，British Library (hereafter, BL), Add. MS 35427, fol. 94r.

29. Bernard Bailyn, *The Ordeal of Thomas Hutchinson* (Cambridge, MA, 1974), 1, 356–359; [Thomas Hutchinson,] *Strictures upon the Declaration of the Congress at Philadelphia, in a Letter to a Noble Lord* (London, 1776).「尊貴的勛爵」指哈德威克伯爵。

30. King George III, "Speech to Both Houses of Parliament" (October 31, 1776), in *The Annual Register ... for the Year 1777* (London, 1778), 275.

31. *American Archives: Fifth Series ... From the Declaration of Independence, July 4, 1776, to the Definitive Treaty of Peace with Great Britain, September 3, 1783*, ed. Peter Force, 3 vols. (Washington, D.C., 1848–1853), II, 189.

32. [John Lind and Jeremy Bentham,] *An Answer to the Declaration of the American Congress* (London, 1776), 5.

33. [John Lind and Jeremy Bentham,] *Remarks on the Principal Acts of the Thirteenth Parliament* (London, 1775); [Lind,] *Three Letters to Dr Price, Containing Remarks on his Observations on the Nature of Civil Liberty, the Principles of Government, and the Justice and Policy of the War with America* (London, 1776); Margaret E. Avery, "Toryism in the Age of the American Revolution: John Lind and John Shebbeare," *Historical Studies* (Melbourne), 18 (1978), 24–36.

34. Peckham, "Independence: The View from Britain," 399.《宣言回覆書》（*Answer to the Declaration*）唯一現存的原始版本收藏在 John Carter Brown Library, Providence, RI, call number A41c. 封面頁上有邊沁題字：「這是作品的原始狀態。很大一部分應內閣要求在出

版的版本中刪去。」（“This is the work in its original state. A considerable part of this was left out at the desire of the Ministry in the published copy.”）

35. 威廉・諾克斯（William Knox）致威廉・何奧爵士（Sir William Howe），一七七六年十一月六日，TNA CO 5/93, fol. 290.

36. [Lind and Bentham,] *Answer to the Declaration of the American Congress*, 6–7, 95, 107.

37. [Hutchinson,] *Strictures upon the Declaration of the Congress at Philadelphia*, 9–10; Thomas Day, *Fragment of an Original Letter on the Slavery of the Negroes; Written in the Year 1776* (London, 1784), 33. 亦見 *An Appeal to Reason and Justice in Behalf of the British Constitution and the Subjects of the British Empire* (London, 1778), 76–78.

38. [Louis-Alexandre de La Rochefoucauld d'Enville,] “Lettre d'un banquier de Londres à M.－, à Anvers” (September 2, 1776), *Affaires de l'Angleterre et de l'Amérique*, 15 vols. (Antwerp, 1776–1779), tome I, cahier VIII, 89–92; ibid., tome I, cahier VII, 88; translated as “The Declaration in France,” in Robert Ginsberg, ed., *A Casebook on the Declaration of Independence* (New York, 1967), 18–20.

39. [Hutchinson,] *Strictures upon the Declaration of the Congress at Philadelphia*, 9–10; “An Englishman,” *The Scots Magazine*, 38 (August 1776), 433–434.

40. [Joseph Peart,] *A Continuation of Hudibras in Two Cantos. Written in the Time of the Unhappy Contest between Great Britain and America, in 1777 and 1778* (London, 1778), 62–63.

41. [Jeremy Bentham,] "Short Review of the Declaration," in [Lind and Bentham,] *Answer to the Declaration of the American Congress*, 120.

42. 邊沁致約翰・林德（John Lind），一七七六年九月，"American Declaration. Hints B.," BL Add. MS 33551, fols. 359r–60v, printed in *The Correspondence of Jeremy Bentham*, gen. ed. Timothy L. S. Sprigge, 12 vols. to date (London and Oxford, 1968–), vol. I, 341–344; Douglas J. Long, *Bentham on Liberty: Jeremy Bentham's Idea of Liberty in Relation to His Utilitarianism* (Toronto, 1977), 51–54; H. L. A. Hart, "The United States of America," in Hart, *Essays on Bentham: Jurisprudence and Political Theory* (Oxford, 1982), 63–65.

43. Jeremy Bentham, "Hey" (1776), Bentham Papers, University College London, LXIX, 57–68, replying to [Richard Hey,] *Observations, on the Nature of Civil Liberty, and the Principles of Government* (London, 1776); Long, *Bentham on Liberty*, 57–61; G. I. Molivas, "A Right, Utility and the Definition of Liberty as a Negative Idea: Richard Hey and the Benthamite Conception of Liberty," *History of European Ideas*, 25 (1999), 75–92.

44. Jeremy Bentham, *An Introduction to the Principles of Morals and Legislation* (1780/89), ed. J. H. Burns and H. L. A. Hart, Intro. F. Rosen (Oxford, 1996), 311, note; *The Works of Jeremy Bentham*, ed. John Bowring, 11 vols. (Edinburgh, 1838– 1843), X, 63.

45. Jeremy Bentham, "Nonsense upon Stilts" (1792), in Bentham, *Rights, Representation, and Reform: Nonsense upon Stilts and Other Writings on the French Revolution*, ed. Philip Schofield,

Catherine Pease-Watkin, and Cyprian Blamires (Oxford, 2002), 330.

46. Jacques Derrida, "Déclarations d'Indépendance" (1976), in Derrida, *Otobiographies: L'enseignement de Nietzsche et la politique du nom propre* (Paris, 1984), 31; Derrida, "Declarations of Independence," *New Political Science*, 15 (1986), 13.

47. Jeremy Bentham, *A Fragment on Government* (1776), ed. J. H. Burns and H. L. A. Hart, Intro. Ross Harrison (Cambridge, 1988), 47.

48. 給富蘭克林、迪恩（Silas Deane）和亞瑟・李（Arthur Lee）的指示（一七七六年九月二十四－十月二十二日），Houghton Library, Harvard University, bMS 811. 1 (81–83).

49. 祕密通訊委員會（Committee of Secret Correspondence）致迪恩，一七七六年七月八日，收錄於 *Letters of Delegates to Congress*, 1774–1789, gen. ed. Paul H. Smith, 26 vols. to date (Washington, D.C., 1976–), IV, 405; Pauline Maier, *American Scripture: Making the Declaration of Independence* (New York, 1997), 130.

50. *Journal historique et politique* (Paris), September 10, 1776; *Affaires de l'Angleterre et de l'Amérique*, tome I, cahier 7, 88–95; ibid., tome 9, 169–177; [Régnier,] *Recueil des loix constitutives des colonies angloises, confédérées sous la dénomination de l'Amérique-Septentrionale* (Paris, 1778), 3–13; [Louis-Alexandre de La Rochefoucauld d'Enville,] *Constitutions des treize Etats-Unis de l'Amérique* (Paris, 1783), 419–429; Durand Echeverria, "French Publications of the Declaration of Independence and the American Constitutions, 1776–

1783," *Papers of the Bibliographical Society of America*, 47 (1953), 317–323.

51. R. R. Palmer, "The Declaration of Independence in France," *Studies on Voltaire and the Eighteenth Century*, 154 (1976), 1569–1579; Naomi Wulf and Elise Marienstras, "Traduire, emprunter, adapter la déclaration d'indépendance des Etats-Unis. Transferts et malentendus dans les traductions françaises," *Dix-Huitième Siècle*, 33 (2001), 201–218.

52. Treaty of Alliance (February 6, 1778), Article II, in *The Treaties of 1778 and Allied Documents*, ed. Gilbert Chinard (Baltimore, 1928), 52: "la liberté, la souveraineté, et l'indépendance absolue et illimité des dis Etats unis."

53. [Edward Gibbon,] "Mémoire justificatif pour servir de réponse a l'exposé des motifs de la conduite du roi de France relativement a l'Angleterre," in *The Miscellaneous Works of Edward Gibbon, Esq.*, ed. John, Lord Sheffield, 5 vols. (London, 1814), V, 3, 27–28, 33 (my translations).

54. [John Wilkes,] *A Supplement to the Miscellaneous Works of Edward Gibbon, Esq.* (n.p., n.d. [London, 1796]), 4, 13.

55. 這些議題的當代脈絡見 Julius Goebel, Jr., *The Recognition Policy of the United States* (New York, 1915), chap. III, "Intervention and Recognition in the American Revolution."

56. C. H. Alexandrowicz, "The Theory of Recognition in Fieri," *British Year Book of International Law*, 34 (1958), 176–198; James Crawford, *The Creation of States in International Law* (Oxford, 1979), 5–12; Wilhelm Grewe, *The Epochs of International Law*, rev. and trans. Michael Byers

(Berlin, 2000), 343–348.

57. J. C. W. von Steck, "Versuch von Erkennung der Unabhängigkeit einer Nation, und eines Staats," in Steck, *Versuche über verschiedene Materien politischer und rechtlicher Kenntnisse* (Berlin, 1783), 49–56; Alexandrowicz, "Theory of Recognition in Fieri," 180–184.

58. Martens, *Summary of the Law of Nations*, trans. Cobbett, 80 and note; Alexandrowicz, "Theory of Recognition in Fieri," 184–187.

59. Charles de Martens, *Nouvelles causes célèbres du droit des gens*, 2 vols. (Leipzig, 1843), I, 113–209, 370–498.

60. "Article I," *The Definitive Treaty of Peace and Friendship Between His Britannick Majesty, and the United States of America* (September 3, 1783) (London, 1783), 4.

61. *The Works and Correspondence of the Right Honourable Edmund Burke*, ed. Charles William, Earl Fitzwilliam, and Sir Richard Bourke, 2nd ed., 7 vols. (London, 1852), II, 453.

62. "Cette indépendance est reconnue, assurée; [nos politiques] semblent la voir avec indifférence": Marie-Jean Antoine-Nicolas Caritat, Marquis de Condorcet, "De l'Influence de la Révolution d'Amérique sur l'Europe" (1786), in *Oeuvres de Condorcet*, ed. A. Condorcet O'Connor and M. F. Arago, 12 vols. (Paris, 1847–1849), VIII, 3.

63. Charles Jenkinson, *A Collection of All the Treaties of Peace, Alliance, and Commerce between Great-Britain and Other Powers, From the Treaty Signed at Munster in 1649, to the Treaties*

Signed at Paris in 1783, 3 vols. (London, 1785), I, iii; III, 237–241.

64. "List of the Principal Treaties ... Between the Different Powers of Europe since the Year 1748 down to the Present Time," in Martens, *Summary of the Law of Nations*, trans. Cobbett, 362; Martens, *Recueil des principaux traités d'alliance, de paix, de trève, de neutralité, de commerce*, 5 vols. (Göttingen, 1791–1807), I, 580; Martens, *Recueil de traités de paix ... et de plusieurs autres actes servant à la connaissance des relations étrangères des puissances et états de l'Europe*, 8 vols. (Göttingen, 1817–1835), II, 481–485 (Declaration); 486–502 (Articles of Confederation).

65. James Kent, *Commentaries on American Law*, 4 vols. (New York, 1828), I, 2; M. W. Janis, "American Versions of the International Law of Christendom: Kent, Wheaton and the Grotian Tradition," *Netherlands International Law Review*, 39 (1992), 38–39. 有關美國國內法（municipal law）與國際法在這段時期的關係，見 Stewart Jay, "The Status of the Law of Nations in Early American Law," *Vanderbilt Law Review*, 42 (1989), 819–849.

66. 有關這個傳統的歷史，特別值得參考 Knud Haakonssen, *Natural Law and Moral Philosophy: From Grotius to the Scottish Enlightenment* (Cambridge, 1996); Haakonssen, ed., *Grotius, Pufendorf and Modern Natural Law* (Aldershot, 1999); T. J. Hochstrasser, *Natural Law Theories in the Early Enlightenment* (Cambridge, 2000).

67. Jeremy Waldron, *"Nonsense Upon Stilts": Bentham, Burke and Marx on the Rights of Man*

(London, 1987), 18; 參照比較 Lynn Hunt, "The Paradoxical Origins of Human Rights," in Jeffrey N. Wasserstrom, Lynn Hunt, and Marilyn B. Young, eds., *Human Rights and Revolutions* (Lanham, 2000), 3–17.

68. *The Federal and State Constitutions, Colonial Charters and Other Organic Laws of the States, Territories, and Colonies Now or Heretofore Forming the United States of America*, ed. Francis Newton Thorpe, 7 vols.(Washington, D.C., 1909), III, 1686 (Maryland); V, 2789 (North Carolina); V, 3081 (Pennsylvania); II, 778 (Georgia); VI, 3248 (South Carolina); V, 2625–2628 (New York); III, 1889 (Massachusetts); VII, 3813 (Virginia); Maier, *American Scripture*, 165–167.

69. *Records of the Council of Safety and Governor and Council of the State of Vermont*, ed. E. P. Walton, 8 vols. (Montpelier, VT, 1873–1880), I, 40–44 (January 15, 1777).

70. Stephen R. Bradley, *Vermont's Appeal to the Candid and Impartial World* (Hartford, CT, 1780), 30.

71. 引述於 Peter S. Onuf, "State-Making in Revolutionary America: Independent Vermont as a Case Study," *Journal of American History*, 67 (1981), 801.

72. Steven R. Ratner, "Drawing a Better Line: *Uti Possidetis* and the Borders of New States," *American Journal of International Law*, 90 (1996), 590. 這個用語源自拉丁文中的 uti possidetis, ita possideatis：「如你已有，為你所有」（as you possess, so may you possess）。

73. Philip F. Detweiler, "The Changing Reputation of the Declaration of Independence: The First Fifty Years," *William and Mary Quarterly*, 3rd ser., 19 (1962), 557–574; Maier, *American Scripture*, 170–189; Alfred F. Young, *The Shoemaker and the Tea Party* (Boston, 1999), 111–112, 140, 146–148; Andrew Burstein, *America's Jubilee* (New York, 2001); Irma B. Jaffe, *John Trumbull: Patriot-Artist of the American Revolution* (Boston, 1975); William R. Coleman, "Counting the Stones: A Census of the Stone Facsimiles of the Declaration of Independence," *Manuscripts*, 43 (1991), 97–105; Thomas Starr, "Separated at Birth: Text and Context of the Declaration of Independence," *Proceedings of the American Antiquarian Society*, 110 (2000), 188–194.

74. Len Travers, *Celebrating the Fourth: Independence Day and the Rites of Nationalism in the Early Republic* (Amherst, MA, 1997), 21–23, 161, 206; David Waldstreicher, *In the Midst of Perpetual Fetes: The Making of American Nationalism, 1776–1820* (Chapel Hill, 1997), 30–35, 99–102, 206–207, 219–229, 240, 311–313; Maier, *American Scripture*, 160, 191 (quoted).

75. Sándor Bölöni Farkas, *Útazás Észak Amerikában* (Kolozsvár, 1834), 90–98; Farkas, *Journey in North America*, trans. Theodore and Helen Benedek Schoenman (Philadelphia, 1977), 86; Alfred A. Reisch, "Sándor Bölöni Farkas's Reflections on American Political and Social Institutions," in Béla K. Király and George Barany, eds., *East Central European Perceptions of Early America* (Lisse, 1977), 59–72.

76. Adams, *An Address, Delivered ... on the Fourth of July 1821*, 28.
77. *We, the Other People: Alternative Declarations of Independence by Labor Groups, Farmers, Woman's Rights Advocates, Socialists, and Blacks, 1829–1975*, ed. Philip S. Foner (Urbana, 1976), 2–5, 47–50.
78. "Declaration of Independence," *South African Christian Recorder*, 2, 8 (January 1837), 432, reprinted from *Sabbath School Visiter* (Boston), 4 (August 1836).
79. *Declaration of Principles, Comprised in the Address and Resolutions of the Native American Convention, Assembled at Philadelphia, July 4, 1845* (Philadelphia, 1845), partially reprinted in *The Ordeal of Assimilation: A Documentary History of the White Working Class*, ed. Stanley Feldstein and Lawrence Costello (Garden City, 1974), 146–153.
80. [Elizabeth Cady Stanton,] "Declaration of Sentiments" (July 19, 1848), in *We, the Other People*, ed. Foner, 78–81.
81. Philip F. Detweiler, "Congressional Debate on Slavery and the Declaration of Independence, 1819–1821," *American Historical Review*, 63 (1958), 598–616.
82. George Fitzhugh, *Cannibals All! Or, Slaves without Masters* (1857), ed. C. Vann Woodward (Cambridge, MA, 1960), 133.
83. George Fitzhugh, "Revolutions of '76 and '61 Contrasted" (1863), *De Bow's Review*, After the War ser., 4 (1867), 37.

84. Abraham Lincoln, "Speech at Springfield, Illinois" (June 26, 1857), 林肯致皮爾斯（Henry L. Pierce）與其他人，一八五九年四月六日，收錄於 *The Collected Works of Abraham Lincoln*, ed. Roy P. Basler, 9 vols. (New Brunswick, NJ, 1953–1955), II, 407; III, 376; Merrill D. Peterson, *"This Grand Pertinacity": Abraham Lincoln and the Declaration of Independence* (Fort Wayne, 1991); Garry Wills, *Lincoln at Gettysburg: The Words That Remade America* (New York, 1992), 99–132.

85. Herbert Aptheker, *"One Continual Cry": David Walker's "Appeal to the Colored Citizens of the World" (1829–1830): Its Setting, Its Meaning* (New York, 1965), 142–143.

86. Frederick Douglass, "What to the Slave is the Fourth of July?: An Address Delivered in Rochester, New York, on 5 July 1852," in *The Frederick Douglass Papers*, ed. John W. Blassingame, 5 vols. (New Haven, 1979–1992), II, 360, 363, 368, 371; James A. Colaiaco, *Frederick Douglass and the Fourth of July* (New York, 2006).

87. Douglass, "What to the Slave is the Fourth of July?" in *The Frederick Douglass Papers*, ed. Blassingame, II, 382–383.

88. Douglass, "What to the Slave is the Fourth of July?," in *The Frederick Douglass Papers*, ed. Blassingame, II, 387.

89. 有關十九世紀的全球化，特別值得參考 Kevin H. O'Rourke and Jeffrey G. Williamson, *Globalization and History: The Evolution of a Nineteenth-Century Atlantic Economy* (Cambridge,

MA, 1999); Duncan S. A. Bell, "Dissolving Distance: Technology, Space, and Empire in British Political Thought, 1770–1900," *Journal of Modern History*, 77 (2005), 523–562.

90. C. A. Bayly, *The Making of the Modern World, 1780–1914* (Oxford, 2004), chaps. 3, 6, 7.
91. Homer L. Calkin, "The Centenary of American Independence 'Round the World," *The Historian*, 38 (1975–1976), 614–616.

第三章　世界各地的獨立宣言

1. C. H. Alexandrowicz, "New and Original States: The Issue of Reversion to Sovereignty," *International Affairs*, 45 (1969), 465–480.
2. 關於這些時刻，見 Jordana Dym, "'Our Pueblos, Fractions with No Central Unity': Municipal Sovereignty in Central America, 1808–1821," *Hispanic American Historical Review*, 86 (2006), 431–466; Joshua B. Hill, "A Question of Independence: Rhetoric and Crisis in a Chinese City, 1911–1917" (AM thesis, Harvard University, 2005); Frank Hoffman, "The Muo Declaration: History in the Making (Translation and Commentary)," *Korean Studies*, 13 (1989), 22–41.
3. Giorgio Agamben, *State of Exception*, trans. Kevin Attell (Chicago, 2005).
4. Frederick Cooper, "States, Empires, and Political Imagination," in Cooper, *Colonialism in Question: Theory, Knowledge, History* (Berkeley, 2005), 190; David Strang, "Global Patterns of Decolonization, 1500–1987," *International Studies Quarterly*, 35 (1991), 429–454.

5. Victor Lieberman, *Strange Parallels: Southeast Asia in Global Context, c. 800–1830*, I: *Integration on the Mainland* (Cambridge, 2003), 2.
6. Mark Greengrass, "Introduction: Conquest and Coalescence," in Greengrass, ed., *Conquest and Coalescence: The Shaping of the State in Early Modern Europe* (London, 1991), 1–2.
7. Mary Ann Glendon, *A World Made New: Eleanor Roosevelt and the Universal Declaration of Human Rights* (New York, 2001), 245n24.
8. <http://www.un.org/Overview/growth.htm>, accessed July 4, 2006.
9. Ernest Gellner, *Nations and Nationalism* (London, 1983), 2, 44–45, 139–140.
10. Charles Maier, "Empires or Nations? 1918, 1945, 1989...," in Carl Levy and Mark Roseman, eds., *Three Postwar Eras in Comparison: Western Europe, 1918–1945–1989* (Basingstoke, 2002), 50; Maier, *Among Empires: American Ascendancy and Its Predecessors* (Cambridge, MA, 2006), chaps. 1–2.
11. Edward Keene, *Beyond the Anarchical Society: Grotius, Colonialism and Order in World Politics* (Cambridge, 2002), 5–6, 97, 143–144.
12. Nicholas Greenwood Onuf, "Sovereignty: Outline of a Conceptual History," *Alternatives*, 16 (1991), 430; 參照比較 Thomas J. Biersteker and Cynthia Weber, eds., *State Sovereignty as Social Construct* (Cambridge, 1996).
13. "... les droits des hommes furent hautement soutenus et développés sans restriction, sans réserve,

dans des écrits qui circulaient avec liberté des bords de la Néva à ceux du Guadalquivir": Marie-Jean Antoine-Nicolas Caritat, Marquis de Condorcet, "Esquisse d'un Tableau historique des progrès de l'esprit humain" (1795), in *Oeuvres de Condorcet*, ed. A. Condorcet O'Connor and M. F. Arago, 12 vols. (Paris, 1847–1849), VI, 199.

14. P. M. Kitromilides, "An Enlightenment Perspective on Balkan Cultural Pluralism: The Republican Vision of Rhigas Velestinlis," *History of Political Thought*, 24 (2003), 465–479; *The Movement for Greek Independence, 1770–1821: A Collection of Documents*, ed. Richard Clogg (London, 1976), 149–163.

15. "Declaration of Independence" (January 15, 1822), in John L. Comstock, *History of the Greek Revolution* (New York, 1828), 499–500.

16. C. A. Bayly, *The Making of the Modern World, 1780–1814* (Oxford, 2004), 86–87, 293–294; Bayly, "Rammohan Roy and the Advent of Constitution Liberalism in India, 1800–30," *Modern Intellectual History*, 4 (2007).

17. "... L'acte qui a déclaré son indépendance est une exposition simple et sublime de ces droits si sacrés et si longtemps oubliés": Marie-Jean Antoine-Nicolas Caritat, Marquis de Condorcet, "De l'Influence de la Révolution d'Amérique sur l'Europe" (1786), in *Oeuvres de Condorcet*, ed. Condorcet O'Connor and Arago, VIII, 11.

18. 關於這個時刻遍及全球的程度，見 Rudolf von Albertini, "The Impact of Two World Wars on

the Decline of Colonialism," *Journal of Contemporary History*, 4 (1969), 17–26; John Gallagher, "Nationalisms and the Crisis of Empire, 1919–1922," *Modern Asian Studies*, 15 (1981), 355–368; Erez Manela, *The Wilsonian Moment: Self-Determination and the International Origins of Anticolonial Nationalism* (New York, forthcoming).

19. 引述於 Karen Knop, *Diversity and Self-Determination in International Law* (Cambridge, 2002), 282.
20. David Hunter Miller, *The Drafting of the Covenant*, 2 vols. (New York, 1928), I, 183–184.
21. George J. Kovtun, *The Czechoslovak Declaration of Independence: A History of the Document* (Washington, D.C., 1985).
22. Antonio Cassese, *Self-Determination of Peoples: A Legal Reappraisal* (Cambridge, 1995), 37.
23. 關於這個時刻的起源見 Mark Mazower, "The Strange Triumph of Human Rights, 1933–1950," *The Historical Journal*, 47 (2004), 379–398.
24. "Texto da Proclamação de Independência" (November 11, 1975), in *Angola: Documentos de Independência* (Lisbon, 1976), 7–20; Jill Jolliffe, *East Timor: Nationalism and Colonialism* (St Lucia, Qld., 1978), 199–200, 212 (November 28, 1975).
25. 對此一時刻過渡期間的實用概述見 Roland Rich, "Recognition of States: The Collapse of Yugoslavia and the Soviet Union," *European Journal of International Law*, 4 (1993), 36–63.
26. Marc Weller, *The Crisis in Kosovo, 1989–1999* (Cambridge, 1999), 72; "Trying to Behave Like

a Proper State," *The Economist* (U.S. edition), October 1, 2005, 43–44（關於索馬利蘭的部分）。

27. J. F. Rohaert, *Manifeste de la Province de Flandre* (January 4, 1790) (Ghent, 1790), 3.

28. Jean-Nicholas Démeunier, *L'Amérique Indépendante, Ou les différentes Constitutions des treize provinces ... d'États-Unis de l'Amérique*, 3 vols. (Ghent, 1790), I, 32–37 (translation of Declaration of Independence).

29. "... appellant au Juge suprême de l'Univers, qui connoît la droiture de nos intentions, Nous publions et déclarons solemnellement, au nom & et de l'autorité du bon Peuple de ces Colonies; Que ces Colonies sont & ont droit d'être des *Etats libres & indépendans*: Qu'elles sont dégagées de toute obéissance envers la Couronne de la Grande-Bretagne": Démeunier, *L'Amérique Indépendante*, I, 37.

30. "... appellant au Juge suprême de l'Univers, qui connoît la Justice de notre Cause, Nous publions & déclarons solemnellement, au nom du Peuple, que cette Province EST & a droit d'ÊTRE un Etat *libre & indépendant*; qu'elle est degagée de toute obéissance envers *l'Empereur Joseph second*": Rohaert, *Manifeste de la Province de Flandre*, 23; Thomas K. Gorman, *America and Belgium: A Study of the Influence of the United States upon the Belgian Revolution of 1789–1790* (London, 1925), 156–157.

31. *Acte d'indépendance des États-Unis de l'Amérique, et constitutions des Républiques française,*

cisalpine et ligurienne, dans les quatre langues française, allemande, anglaise et italienne (n.p, n.d. [Paris, 1798]), 2–15; R. R. Palmer, "The Declaration of Independence in France," *Studies on Voltaire and the Eighteenth Century*, 154 (1976), 1574–1579.

32. Thomas Madiou, *Histoire d'Haïti* (1847–1848), 8 vols. (Port-au-Prince, 1989–1991), III, 145; Laurent Dubois, *Avengers of the New World: The Story of the Haitian Revolution* (Cambridge, MA, 2004), 298–299.

33. [Louis Boisrond-Tonnerre,] "Le Général en Chef au Peuple d'Haïti" (January 1, 1804), in Madiou, *Histoire d'Haïti*, III, 146–150; Eng. trans., Marcus Rainsford, *An Historical Account of the Black Empire of Hayti: Comprehending a View of the Principal Transactions in the Revolution of Saint-Domingo; with its Ancient and Modern State* (London, 1805), 442–446.

34. Donald R. Hickey, "America's Response to the Slave Revolt in Haiti, 1791–1806," *Journal of the Early Republic*, 2 (1982), 361–379; Tim Matthewson, "Jefferson and the Nonrecognition of Haiti," *Proceedings of the American Philosophical Society*, 140 (1996), 22–48.

35. Jean-François Brière, "La France et la reconnaissance de l'indépendance haïtienne: le débat sur l'ordonnance de 1825," *French Colonial History*, 5 (2004), 125–138.

36. "Act of the Proclamation of the Independence of the Filipino People" (June 12, 1898), in *The Philippine Insurrection against the United States: A Compilation of Documents*, ed. John R. M. Taylor, 5 vols. (Pasay City, 1971), III, 102–106.

37. Arthur Preston Whitaker, *The United States and the Independence of Latin America, 1800–1830* (Baltimore, 1941); James E. Lewis, Jr., *The American Union and the Problem of Neighborhood: The United States and the Collapse of the Spanish Empire, 1783–1829* (Chapel Hill, 1998).

38. 傑佛遜致約翰・傑伊（John Jay），一七八七年五月四日，收錄於 *The Papers of Thomas Jefferson*, gen. ed. Julian P. Boyd, 31 vols. to date (Princeton, 1950–), XI, 339–341; Kenneth Maxwell, *Naked Tropics: Essays on Empire and Other Rogues* (London, 2003), 109–10.

39. *Manifesto da Independencia dos Estados Unidos d'America* (Lisbon, 1821).

40. *Manifeste de la nation portugaise aux souvérains et aux peuples de l'Europe* (December 15, 1820) (Lisbon, 1821); Maxwell, *Naked Tropics*, 155–156; Francisco de Assis Cintra, *D. Pedro I e o Grito de Independencia* (São Paulo, 1921), 211–229; Eng. trans., "The Declaration of Brazilian Independence" (January 9, 1822), in *A Documentary History of Brazil*, ed. E. Bradford Burns (New York, 1956), 198–200.

41. Harry Bernstein, *Origins of Inter-American Interest, 1700–1812* (Philadelphia, 1945), 79–80.

42. Richard J. Cleveland, *A Narrative of Voyages and Commercial Enterprises*, 2 vols. (Cambridge, MA, 1842), I, 183–184, 209–210; Miguel de Pombo, *La constitución de los Estados-Unidos de America* (Bogotá, 1811), 1–9; Manuel García de Sena, trans., *La independencia de la Costa Firme justificada por Thomas Paine treinta años há* (Philadelphia, 1811), 157–162; [Vicente Rocafuerte,] *Ideas necesarias á todo pueblo americano independiente, que quiera ser libre*

(Philadelphia, 1821), 3 ("el verdadero decálogo político"), 103–111. 概見 Mario Rodríguez, *La revolución americana de 1776 y el mundo hispánico: ensayos y documentos* (Madrid, 1976); Merle E. Simmons, *La revolución norteamericana en la independencia de Hispanoamérica* (Madrid, 1992); Bernard Bailyn, *To Begin the World Anew: The Genius and Ambiguities of the American Founders* (New York, 2003), 146–147.

43. 概見 José Luis Romero, "La independencia de Hispanoamérica y el modelo político norteamericano," *Inter-American Review of Bibliography*, 26 (1976), 429–455; Susan Deans and Edward Countryman, "Independence and Revolution in the Americas: A Project for Comparative Study," *Radical History Review*, 27 (1983), 144–171; José Carlos Chiaramonte, "The Principle of Consent in Latin and Anglo-American Independence," *Journal of Latin American Studies*, 36 (2004), 563–586.

44. Jaime E. Rodríguez O., *The Independence of Spanish America* (Cambridge, 1998), 2.

45. P. L. Blanco Peñalver, *Historia y comentarios del Libro de Actas de la independencia de Venezuela 1811* (Caracas, 1983); Rodríguez, *The Independence of Spanish America*, 114–115.

46. "Acta de Independencia" (July 5, 1811), in *Interesting Official Documents Relating to The United Provinces of Venezuela* (London, 1812), 3–21.

47. "Acta de la independencia de la provincia de Cartagena en la Nueva Granada" (November 11, 1811), in *Constituciones de Colombia*, ed. Manuel Antonio Pombo and José Joaquín Guerra, 4th

ed., 4 vols. (Bogotá, 1986), II, 75–82; Eng. trans., *British and Foreign State Papers*. 1812–1814 (London, 1841), 1136–1142.

48. "Acta de independencia de las Provincias Unidas del Rio de la Plata" (July 9, 1816), in *Registro nacional* (Argentina), 7 (Buenos Aires, 1816), 366–367; Eng. trans., *The Spanish Tradition in America*, ed. Charles Gibson (New York, 1966), 239–240; Bonifacio del Carril, *La Declaración de la independencia* (Buenos Aires, 1966).

49. "Proclamación de la independencia política de Chile" (January 1, 1818), in *Documentos para la historia de la vida pública del libertador de Colombia, Péru y Bolivia*, ed. José Félix Blanco, 14 vols. (Caracas, 1875–1877), VI, 238–239; Eng. trans., *British and Foreign State Papers. 1818–1819* (London, 1835), 820–821; Luis Valencia Avaria, "La Declaración y Proclamación de la Independencia de Chile," *Boletín de la Academia Chilena de la Historia*, 35 (1968), 5–42.

50. José Carlos Chiaramonte, *Nación y Estado en Iberoamérica: El lenguaje político en tiempos de las independencias* (Buenos Aires, 2004).

51. Manuel Montúfar y Coronado, quoted in Dym, "'Our Pueblos, Fractions with no Central Unity,'" 464.

52. "Proclamacion y juramento de la independencia" (July 15, 1821), in *Documentos para la historia de la vida pública del libertador*, ed. Blanco, VIII, 5–7; Eng. trans., *British and Foreign State Papers*. 1821–1822 (London, 1829), 393–394; Timothy E. Anna, "The Peruvian Declaration of

Independence: Freedom by Coercion," *Journal of Latin American Studies*, 7 (1975), 221–248.

53. "The Unanimous Declaration of Independence Made by the Delegates of the People of Texas" (March 2, 1836), in *The Papers of the Texas Revolution, 1835–1836*, gen. ed. John H. Jenkins, 10 vols. (Austin, 1973), IV, 493–497.

54. "Acta de Independencia del Imperio" (September 28, 1821), in *El Libertador: Documentos Selectos de D. Agustín de Iturbide*, ed. Mariano Cuevas (Mexico City, 1947), 262–263.

55. "En el Puerto de Monterrey de la Alta California..." (November 7, 1836) (Monterey, 1836), reprod. in [Parke-Bernet Galleries,] *The Celebrated Collection of Americana Formed by the Late Thomas Streeter, Morristown, New Jersey*, 8 vols. (New York, 1968), IV, 1781.

56. "Declaration of Independence" (July 26, 1847), in *The Independent Republic of Liberia; Its Constitution and Declaration of Independence ... with Other Documents; Issued Chiefly for the Use of the Free People of Color* (Philadelphia, 1848), 8–9; Robert W. July, *The Origins of Modern African Thought: Its Development in West Africa during the Nineteenth and Twentieth Centuries* (London, 1967), 93–100.

57. 舉例而言，見 Charles Henry Huberich, *The Political and Legislative History of Liberia*, 2 vols. (New York, 1947), I, 833–834; July, *The Origins of Modern African Thought*, 99.

58. "Declaration of Independence," in *The Independent Republic of Liberia*, 8–9; Gerrit W. Gong, *The Standard of "Civilization" in International Society* (Oxford, 1984).

59. *Kossuth Lajos összes munkái*, 15 vols. (Budapest, 1948–1966), XIV, 894–912; Eng. trans., "Declaration of Independence by the Hungarian Nation" (April 14, 1849), in William H. Stiles, *Austria in 1848–49*, 2 vols. (New York, 1852), II, 409–418; Istvan Deak, *The Lawful Revolution: Louis Kossuth and the Hungarians*, 1848–1849 (New York, 1979), 262 (quoted); A. Urbán, "A Lesson for the Old Continent: The Image of America in the Hungarian Revolution of 1848/49," *NHQ; The New Hungarian Quarterly*, 17 (1976), 85–96.

60. György Szabad, "Kossuth on the Political System of the United States of America," *Etudes Hongroises 1975*, 2 vols. (Budapest, 1975), I, 503–529.

61. "Declaration of the Independence of New Zealand" (October 28, 1835), in *Fac-Similes of the Declaration of Independence and the Treaty of Waitangi* (Wellington, NZ, 1877), 4.

62. 巴士比（Busby）致牧師威廉先生（Rev. Mr. Williams）與金恩先生（Mr. King），一八三五年九月十四日，以及巴士比致新南威爾斯殖民地大臣（Colonial Secretary of New South Wales），一八三五年十月三十一日，The National Archives, Kew（國家檔案館，後文稱ＴＮＡ）, CO 209/2, fols. 88v, 98v; John O. Ross, "Busby and the Declaration of Independence," *New Zealand Journal of History*, 14 (1980), 83–89.

63. Claudia Orange, *The Treaty of Waitangi* (Wellington, NZ, 1987), 118–120.

64. "The Declaration of the Reformers of the City of Toronto to their Fellow Reformers in Upper Canada" (July 31, 1837), in Charles Lindsey, *The Life and Times of Wm. Lyon Mackenzie*, 2 vols.

(Toronto, 1863), II, 334–42.

65. [Richard Windeyer,] "On the Rights of the Aborigines of Australia" (June 19, 1844), Mitchell Library, State Library of New South Wales, MS A1400, 2–3; *Sydney Herald*, June 20, 1844

66. John Molony, *Eureka* (Ringwood, 1984), 154; Karl Marx, "The Buying of Commissions.－News from Australia" (March 3, 1855), in Marx and Friedrich Engels, *Collected Works*, 50 vols. (New York, 1975–2004), XIV, 65.

67. Louisa Lawson, "Australian Independence," *The Republican* (Sydney), July 4, 1887.

68. *Official Record of the Proceedings and Debates of the National Australasian Convention ... March and April 1891* (Sydney, 1891);W. J. Hudson and M. P. Sharp, *Australian Independence: Colony to Reluctant Kingdom* (Melbourne, 1988), 26–27.

69. Marilyn Lake, "What If Alfred Deakin Had Made a Declaration of Australian Independence?" in Stuart Macintyre and Sean Scalmer, eds., *What If? Australian History as It Might Have Been* (Carleton, 2006), 29–43.

70. H. K. Watson, *Whither Australia? Whither Western Australia?* (Perth, Western Australia, 1935); *Report of the Joint Committee of the House of Lords and the House of Commons Appointed to Consider the Petition of the State of Western Australia* (London, 1935); Christopher W. Besant, "Two Nations, Two Destinies: A Reflection on the Significance of the Western Australian Secession Movement to Australia, Canada and the British Empire," *University of Western*

Australia Law Review, 20 (1990), 209–310.

71. "Declaration of the Immediate Causes which Induce and Justify the Secession of South Carolina from the Federal Union" (December 20, 1860), in *Journal of the Convention of the People of South Carolina, Held in 1860, 1861 and 1862* (Columbia, SC, 1862), 461–466 (my emphasis).

72. *The War of the Rebellion*, 70 vols. (Washington, D.C., 1880–1901), 4th ser., I, 290 (Tennessee), 741 (Kentucky).

73. 舉例而言，見 Francis C. Treadwell, *Secession an Absurdity: It is Perjury, Treason and War* (New York, 1861).

74. Charles and Barbara Jelavich, *The Establishment of the Balkan National States, 1804–1920* (Seattle, 1977); T. K. Derry, *A History of Modern Norway, 1814–1972* (Oxford, 1973), 159–171.

75. Cooper, "States, Empires, and Political Imagination," in Cooper, *Colonialism in Question*, 182.

76. 參見對照 Alfred Cobban, *The Nation-State and National Self-Determination*, rev. ed. (London, 1969), 46–49, 101.

77. "Official Declaration of the Republic of Formosa" (May 25, 1895), in James W. Davidson, *The Island of Formosa Past and Present* (London, 1903), 279–280; Harry J. Lamley, "The 1895 Taiwan Republic: A Significant Episode in Modern Chinese History," *Journal of Asian Studies*, 27 (1968), 752, 757.

78. "The Mongolian Proclamation of Independence" (December 11, 1911), in Urgunge Onon and

Derrick Pritchatt, *Asia's First Modern Revolution: Mongolia Proclaims Its Independence in 1911* (Leiden, 1989), 126.

79. "The Declaration of Independence of the Czechoslovak Nation" (October 18, 1918), in Kovtun, *The Czechoslovak Declaration of Independence*, 53–55.

80. Thomas G. Masaryk, "The Czecho-Slovak Nation," *The Nation*, 107 (October 5, 1918), 6.

81. "Declaration of Independence of the Mid-European Union" (October 26, 1918), in *International Conciliation*, Special Bulletin (New York, 1919), 23–25; Victor S. Mamatey, *The United States and East Central Europe, 1914–1918: A Study in Wilsonian Diplomacy and Propaganda* (Port Washington, NY, 1957), 342–343.

82. "Proclamation of the State of the Slovenes, Croats and Serbs" (October 29, 1918), in *Yugoslavia through Documents: From Its Creation to Its Dissolution*, ed. Snezana Trifunovska (Dordrecht, 1994), 147–148; *Ireland's Declaration of Independence and Other Official Documents … Submitted to the Peace Conference in Support of Ireland's Claim for Recognition as a Sovereign Independent State* (New York, 1919), 3; "The [Korean] Declaration of Independence, March 1, 1919: A New Translation," *Korean Studies*, 13 (1989), 1–4; "Declaration of Esthonian Independence" (May 19, 1919), TNA, FO 608/186, fols. 229–230.

83. Mahatma Gandhi, "Draft Declaration for January 26 [1930]," and "Things to Remember for the 26th," in *The Collected Works of Mahatma Gandhi*, 90 vols. (New Delhi, 1958–1984), XLII,

384–385, 426–428.

84. Subhas Chandra Bose, “Proclamation of the Provisional Government of Azad Hind” (October 21, 1943), in Hari Hara Das, *Subhas Chandra Bose and the Indian National Movement* (New Delhi, 1983), 367–370.

85. Archimedes L. A. Patti, *Why Viet Nam? Prelude to America's Albatross* (Berkeley, 1980), 223–224.

86. Ho Chi Minh, “Declaration of Independence of the Democratic Republic of Vietnam” (September 2, 1945), in *Ho Chi Minh, Selected Works*, 4 vols. (Hanoi, 1960–1962), III, 17–21; Patti, *Why Viet Nam?*, 250–253; David G. Marr, “Ho Chi Minh's Independence Declaration,” in K. W. Taylor and John K. Whitmore, eds., *Essays into Vietnamese Pasts* (Ithaca, 1995), 221–231.

87. Marilyn B. Young, *The Vietnam Wars, 1945–1990* (New York, 1991), 11.

88. [Government of Rhodesia,] “Proclamation” (November 11, 1965), in *Independence Documents of the World*, ed. Albert P. Blaustein, Jay Sigler, and Benjamin R. Beede, 2 vols. (New York, 1977), II, 587.

89. TNA, DO 183/253. 同樣的類比在一九五六年十月也曾用過：TNA, CO 1015/1009.

90. “Declaration on the Granting of Independence to Colonial Countries and Peoples” (December 14, 1960), United Nations, General Assembly Resolution 1514 (XV).

91. Richard M. Cummings, “The Rhodesian Unilateral Declaration of Independence and the Position

of the International Community," *New York University Journal of International Law and Politics*, 6 (1973), 57–84; Jericho Nkala, *The United Nations, International Law, and the Rhodesian Independence Crisis* (Oxford, 1985), 43–52.

92. Benedict Anderson, *Imagined Communities: Reflections on the Origin and Spread of Nationalism*, rev. ed. (London, 1991), 81; 參照比較 Adam Watson, "New States in the Americas," in Hedley Bull and Adam Watson, eds., *The Expansion of International Society* (Oxford, 1984), 127–141.

93. Hannah Arendt, *On Revolution* (Harmondsworth, 1973), 56.

結論

1. Gordon S. Wood, *The American Revolution: A History* (New York, 2002), 57.
2. James Crawford, "State Practice and International Law in Relation to Secession," *British Yearbook of International Law*, 69 (1998), 85–117; Perry Anderson, "Stand-Off in Taiwan," *London Review of Books*, June 3, 2004, 15 (quoted).
3. "Proclamation of Independence Order" (April 10, 1971), in *Bangla Desh: Documents* (New Delhi [1971?]), 281–282.
4. "Declaration of the Establishment of the State of Israel" (May 14, 1948), in *Independence Documents of the World*, ed. Albert P. Blaustein, Jay Sigler, and Benjamin R. Beede, 2 vols. (New York, 1977), I, 366–369; Palestine National Council, "Declaration of Independence" (November

15, 1988), in *The Israel-Arab Reader: A Documentary History of the Middle East Conflict*, ed. Walter Laqueur and Barry Rubin, 6th ed. (Harmondsworth, 2001), 354–357; Eliyakim Rubinstein, "The Declaration of Independence as a Basic Document of the State of Israel," *Israel Studies*, 3 (1998), 195–210; James Crawford, "Israel (1948– 1949) and Palestine (1998–1999): Two Studies in the Creation of States," in Guy S. Goodwin-Gill and Stefan Talmon, eds., *The Reality of International Law: Essays in Honour of Ian Brownlie* (Oxford, 1999), 95–124.

5. 不同的策略見Antonio Cassese, *Self-Determination of Peoples: A Legal Reappraisal* (Cambridge, 1995), 344–365; Gerry J. Simpson, "The Diffusion of Sovereignty: Self-Determinations in the Post-Colonial Age," in Mortimer Sellers, ed., *The New World Order: Sovereignty, Human Rights, and the Self-Determination of Peoples* (Oxford, 1996), 35–69; Pekka Aikio and Martin Scheinin, eds., *Operationalizing the Right of Indigenous Peoples to Self-Determination* (Turku, 2000); Marc Weller and Stefan Wolff, eds., *Autonomy, Self-Governance and Conflict Resolution: Innovative Approaches to Institutional Design in Divided Societies* (London, 2005).

誌謝

從許多意義上而言，這都是一本哈佛的書。我在哈佛大學的查爾斯華倫美國歷史研究中心（Charles Warren Center for Studies in American History）開始構思這本書，這要感謝哈佛大學出版社的凱瑟琳．麥克德默（Kathleen McDermott）來得正是時候的建議。完成這個計畫的時間，比凱瑟琳所希望而我所預期的更漫長；她的信心、耐心和編輯工作，自始至終都不可或缺。我在對哈佛歷史系的演講中針對我的論點提出了初步概述，也在魏德海國際事務中心（Weatherhead Center for International Affairs）的主任研討會上（Director's Seminar）針對本書初稿進行報告。在這些與許多其他場合，歷史系的同事與學生不僅建議了讓我收穫豐富的探詢方向，也提供關鍵線索。哈佛對致力於將歷史研究國際化和全球化的人給予極為豐沛的支持，僅以此書作為我的一點回報。

一本書觸及這麼多國家的歷史，不管篇幅多短，都較平常更為仰賴朋友的好心相助，偶爾也仰賴陌生人的善意。為了他們在資料、靈感和翻譯上面的協助，我必須感謝

Guido Abbattista、Chris Bayly、Manuhuia Barcham、Richard Bourke、Richard Bushman、Thomas Cohen、Laurent Dubois、Karen Duval、Jordana Dym、Mikulas Fabry、Stella Fitzthomas、Erik Goldner、Joshua Hill、Duncan Ivison、Shruti Kapila、William Kirby、Csaba Lévai、Maria Angela Leal、Charles Maier、Kenneth Maxwell、R. Russell Maylone、Mark Mazower、Wijnand Mijnhardt、Peter Onuf、William O'Reilly、Paul Pickering、John Pocock、Daniel Slive、Glenda Sluga、Miranda Spieler、Simon Stern、Laurel Thatcher Ulrich、Larry Wolff和John Womack。

能有機會在世界各地對標準嚴格的觀眾呈現我論點的各階段版本，我深深感謝Bernard Bailyn、Michael Bess、Michael Braddick、Jeng-Guo Chen、Deborah Cunningham、Jorge Domínguez、Norman Fiering、Andrew Fitzmaurice、James Horn、Akira Iriye、David Johnston、Barbara Ramusack、Tim Rowse、Julia Rudolph、Christopher Saunders、Daniel Sharfstein、Helmut Smith和Conrad Wright。在這些場合提出評論的人當中，我特別高興有機會感謝Stephen Conway、Frederick Cooper、Christine Desan、Noah Feldman、Eliga Gould、Benedict Kingsbury、James Kloppenberg、Pauline Maier、Susan Marks、Quentin Skinner和Christopher Tomlins。

我的論點有部分以較早面目發表於《威廉與瑪麗學院季刊》（*William and Mary Quarterly*）、《美國歷史學家組織歷史雜誌》（*OAH Magazine of History*）和《南非歷史期刊》（*South African Historical Journal*）。感謝這三本期刊的編輯同意，讓最早出現在他們刊物中的內容得以在此重印。

我要特別感謝 Bernard Bailyn、Christine Thorsteinsson、Pauline Maier、Darrin McMahon、Erez Manela 和 Emma Rothschild，他們惠予撥冗閱讀書稿，提出了寶貴的改善建議。

一如往昔，我虧欠最多的是 Joyce Chaplin。她知道為什麼。

全球視野
獨立宣言：一部全球史

2023年7月初版　　定價：新臺幣390元

著　者　David Armitage
譯　者　胡宗香
叢書主編　王盈婷
校　對　馬文穎
內文排版　楊仕堯
封面設計　兒日

出版者　聯經出版事業股份有限公司
地址　新北市汐止區大同路一段369號1樓
叢書主編電話　(02)86925588轉5316
台北聯經書房　台北市新生南路三段94號
電話　(02)23620308
台中辦事處　(04)22312023
台中電子信箱　e-mail：linking2@ms42.hinet.net
郵政劃撥帳戶第0100559-3號
郵撥電話　(02)23620308
印刷者　文聯彩色製版印刷有限公司
總經銷　聯合發行股份有限公司
發行所　新北市新店區寶橋路235巷6弄6號2樓
電話　(02)29178022

副總編輯　陳逸華
總編輯　涂豐恩
總經理　陳芝宇
社長　羅國俊
發行人　林載爵

行政院新聞局出版事業登記證局版臺業字第0130號

本書如有缺頁，破損，倒裝請寄回台北聯經書房更換。　ISBN　978-957-08-6974-3 (平裝)
聯經網址：www.linkingbooks.com.tw
電子信箱：linking@udngroup.com

國家圖書館出版品預行編目資料

獨立宣言：一部全球史/David Armitage著．胡宗香譯．初版．
新北市．聯經．2023年7月．288面．14.8×21公分（全球視野）
ISBN　978-957-08-6974-3（平裝）

1.CST：民族獨立運動　2. CST：政治思想史　2. CST：世界史

571.11　　112009134